ColeçãoPalco
Sur Scène

TOME
FR 05

Collection Palco Sur Scène

Auteurs français
Jean-Luc Lagarce
Philippe Minyana
Michel Vinaver

Auteurs brésilien
Bosco Brasil
Newton Moreno

ColeçãoPalco
Sur Scène

LA DEMANDE D'EMPLOI

Michel Vinaver

© Michel Vinaver, 2008

Tous les droits réservés **Imprimé au Brésil 2008**

Données Internationales d'Indexation
Bibliothèque des Presses Officielle de l'État de São Paulo

Vinaver, Michel, 1927
    La demande d'emploi : pièce en 30 morceaux / Michel Vinaver; – São Paulo : Alliance Française : Consulat Général de França à São Paulo : Presses Officielles de l'État de São Paulo, 2008.
    292pp. – (Collection Palco sur Scène / Coordinnatrice / Marinilda Bertolete Boulay)

    Oeuvres publiées ensembles en sens inverse.
    Textes en français et portugais
    ISBN 978-85-7060-648-8 (Presses Officielles)

    1. Théâtre français 2. Théâtre (Siècle 21)– France 3. Littérature français I. Boulay, Marinilda Bertolete. II. Títre. III. Série.

                                                                                           CDD 869.92

Indices pour répertoire systématique:
    2.   Théâtre : Siècle 21 : Brésil 869.92

Le dépôt a été fait selon la loi brésilienne à la Bibliothèque Nationale.
Loi n° 10.994, du 14/12/2004

Toute reproduction intégralement ou partiellement est interdite sans autorisation préalable des éditeurs.

ALLIANCE FRANÇAISE
Rua General Jardim, 182 7º andar
01 223 010 - São Paulo - SP
T 00 55 11 3017 5699
T 00 55 11 3017 5687
F 00 55 11 3017 5694
dirgeral@aliancafrancesa.com.br
www.aliancafrancesa.com.br

CONSULAT GÉNÉRAL DE FRANCE
À SÃO PAULO
Av. Paulista, 1842 – 14º andar
01310-200 - São Paulo - SP
T 00 55 11 3371 5405
F 00 55 11 3371 5408
www.ambafrance.org.br/saopaulo

IMPRENSA OFICIAL
DO ESTADO DE SÃO PAULO
Rua da Mooca, 1921 Mooca
03103-902 São Paulo SP
www.imprensaoficial.com.br
livros@imprensaoficial.com.br
SAC Grande São Paulo 011 5013 5108 | 5109
SAC D'autres localités 0800 0123 401

LA DEMANDE D'EMPLOI

Pièce en trente morceaux

Michel Vinaver

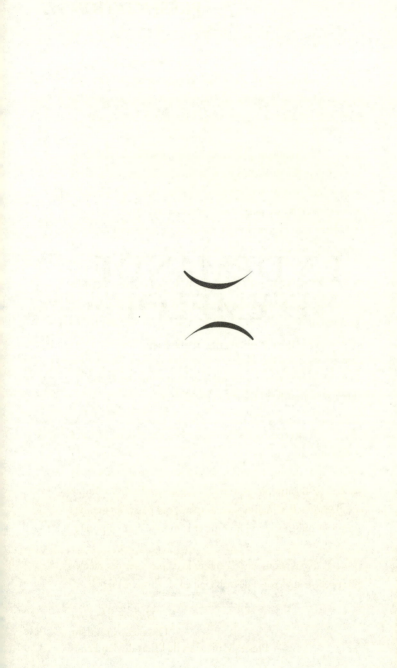

PRÉSENTATION

La collection *Palco sur Scène* présente la diversité de la production théâtrale contemporaine en valorisant plus particulièrement la nouvelle scène française et brésilienne.

En publiant des textes inédits, les Presses Officielles de l'État de São Paulo met en lumière les héritiers de la longue tradition du théâtre de recherche. Apparu en France sous l'impulsion de nombreux auteurs et metteurs en scène, le théâtre expérimental a eu un effet déterminant dans la construction de la réflexion sur notre temps.

Du côté brésilien il est très difficile la reconnaissance et l'édition de textes dramaturgiques. Il suffit de se souvenir du dramaturge brésilien Plinio Marcos, et ses innombrables publications indépendantes, qui vendait ses propres livres dans les escaliers du Théâtre Municipal de São Paulo. Nos publications tiendront en compte quelques uns des talents les plus représentatifs du théâtre expérimental.

Dans cette collection, deux langues et deux cultures se rencontrent pour perpétuer les sortilèges et le pouvoir du théâtre qui, depuis les grecs, reflète les interrogations de la société. Le théâtre possède cette force de confronter éthique et esthétique. Il actualise, face au temps qui passe, les grandes questions qui touchent l'homme et le monde contemporain.

Nous avons ainsi la certitude de proposer des thèmes qui appellent au débat et de maintenir en vie l'histoire du théâtre.

Hubert Alquéres
Directeur Président
Presses Officielles de l'État de São Paulo

DE MOLIERE À VINAVER

Molière, Shakespeare, Nelson Rodrigues ou encore Beckett sont des auteurs reconnus dans le monde entier... quel rare théâtre n'a pas entendu résonner les paroles de ces auteurs ? Quel acteur ou quelle actrice n'a pas rêvé en lisant ces textes d'interpréter le valet Scapin, Cordelia ou Alaíde. Depuis plusieurs générations, les pièces de théâtre de ces grands auteurs, largement publiées et traduites, sont jouées dans toutes les langues, passent de mains de metteur en scène en metteur en scène, traversent les frontières linguistiques du monde, stimulant la variété des montages théâtraux, les interprétations possibles, donnant à ces « classiques » une sorte d'éternelle jeunesse, au grand bonheur des spectateurs.

Philippe Minyana, Bosco Brasil, Jean-Luc Lagarce, ou bien encore Michel Vinaver, mériteraient eux aussi d'être lus et montés beaucoup plus et pas seulement, ou presque, dans leur pays d'origine.

Notre volonté de traduire et de publier les textes (jusqu'alors disponibles de manière confidentielle et sous forme de photocopies) d'auteurs contemporains incontournables, comme les français est notre tentative de rendre plus accessibles leurs écrits à des professionnels du théâtre français et brésilien et, à travers eux, plus tard, à un large public.

Publiés dans des ouvrages élégants et des traductions de qualité, dans une édition bilingue (français et portugais), intitulée *Palco sur Scène*, ces auteurs retrouvent de l'évidence et, espérons le, la visibilité et la reconnaissance qu'ils méritent de part et d'autres des frontières de nos deux pays… Entendrons nous l'écriture ciselée de Lagarce plus souvent dans les théâtres brésiliens ? Entendrons nous régulièrement les écrits sulfureux de Newton Moreno dans un théâtre parisien ou au festival d'Avignon ? Stimuler les rencontres d'auteurs et de metteurs en scène entre la France et le Brésil, l'enjeu est bien là et il est de taille…

Philippe Ariagno
Attaché Culturel
Consulat de France à São Paulo

PALCO SUR SCÈNE

*«Je pense qu'une pièce est un texte littéraire
au même titre qu'un roman...»[1]*

« Je laisse venir les mots, je laisse venir les personnages, je n'ai pas d'intention de départ, je laisse se poser là les mots, les répliques et puis en définitive viennent peu à peu les situations, les personnages et le parcours de l'histoire qui se raconte. Il n'y a pas de projet prédéterminé, en général (...)».

La collection bilingue *Palco sur Scène* présente la diversité de la production théâtrale française et brésilienne des dernières décennies. Elle met en valeur quelques unes des expériences de création et de dramaturgie qu'ont redéfinie le panorama du théâtre contemporain des deux pays . Solidaire à la cause des dramaturges, elle fait pression contre les murs de l'exigu couloir éditorial du secteur, permettant que leurs pièces traversent la barrière de la langue à la recherche de nouvelles interprétations et de nouveaux publiques.

---

1 Intervention de Michel Vinaver en séminaire à Dijon le 31 janvier 2003

Cette collection nous mets en contact avec les textes de plus importants dramaturges français et brésilien de l'actualité comme Bosco Brasil et Newton Moreno. Au français Jean-Luc Lagarce, dont l'oeuvre donne naissance à cette collection en août 2006, s'est succédé Philippe Minyana, et ici Michel Vinaver, considéré l'un de plus grand dramaturges français de la deuxième moitié du XXème siècle. En général il ne ponctue pas ses pièces, et cette absence de ponctuation permet de donner au comédien la possibilité de jouer lui-même avec le texte, à partir de sa propre respiration. Dans le théâtre de Michel Vinaver toute parole est action.

Publiés dans la collection *Palco sur Scène* les textes de théâtre des auteurs contemporains brésiliens et français deviennent accessibles à tous, simples lecteurs ou gens de théâtre. Souhaitons que chacun y trouve les clefs nécessaires, le premier pour inventer sa « représentation fictive »[2], et le second pour les faire monter sur les planches, et...

- "Allons-y au Théâtre!", réplique qui nous laisse en héritage l'immense comédien brésilien Paulo Autran, qui résonne à la fin de chaque pièce dans la *Palco sur Scène*.[3]

Marinilda Bertolete Boulay
Coordination Palco sur Scène

---

2 In Anne UBERSFELD, *Lire le Théâtre*, Éditions Sociales, Paris, 1982.
3 Paulo Autrand est disparu en 2007.

SOMMAIRE

PRÉSENTATION 7
DE MOLIERE À VINAVER 8
PALCO SUR SCÈNE 10
MICHEL VINAVER 15

LA DEMANDE D'EMPLOI 19

MICHEL VINAVER
le venin du réel

En art, c'est toujours au nom du réel que l'on propose le nouveau. Il en fut ainsi lorsque le rationalisme classique corrigea l'exubérance baroque, lorsque le romantisme révolutionna les unités du classicisme, et que le réalisme contrôla les excès romantiques. Arborant le mot de réel sur son étiquette, le réalisme fut bombardé de tous côtés: le réel n'est pas humain, proclamèrent les symbolistes; l'Histoire est un cauchemar, hurlèrent les expressionnistes, auxquels Brecht répliquait en proposant un jeu d'emboîtement, comme si on démontait une montre. Mais il était déjà trop tard pour la raison: les surréalistes ont mis les fous à la tête de l'asile, et l'art, épatant les bourgeois, ne cesse de devenir insolence pour spécialiste.

Comment situer Michel Vinaver dans cette galerie d'ajustements optiques? A première lecture – procédé erroné a priori pour évaluer une pièce de théâtre – il s'agit encore d'une provocation arbitraire: absence de ponctuation dans les dialogues et de logique dans les scènes, abolition du temps et de l'espace, absence d'indications scéniques et de données psychologiques. Bref, encore un piège français, produit de ce savoir-faire à vous faire avaler les bluffs sous couvert de sophistication. Et pourtant, rien de plus réel que Vinaver. Décodés par les metteurs en scènes qui, comme des chefs de cuisine ou des maestro, savent voir au-delà de la feuille de papier, ses pièces surgissent comme une synthèse parfaite entre la tranche de vie et le flux de conscience. Une sauce dissonante: pris dans le tourbillon des rôles sociaux, dans la relativité psychotique de la modernité, ses personnages se désespèrent en quête de la réalité, sans aucun fil où s'accrocher, sentant déjà sur leur nuque le souffle du minotaure. Épique quotidienne, tragédie de la classe moyenne, aucun message de l'auteur ne servira d'antidote: la lucidité est un venin fulgurant.

Il est donc fondamental que ses textes soient transposés en portugais avec la froideur des gens d'expérience, qui ne se noient pas dans le flot ni ne s'intimident à l'usage de la langue courante. Dans cette présente édition, Jean-Claude Bernardet et Rubens Rewald tirent parti de leur condition de cinéastes pour restituer ce set avec sa précision souterraine. Tout comme un scénario, cela n'est pas destiné à une lecture récréative ou moralisante: que le lecteur, metteur en scène imaginaire, prenne cela comme les règles d'un jeu, ou comme les notices de ce poison à ne délivrer que sur ordonnance que l'on entend aujourd'hui par réel. Mais attention: il n'y a pas de taux limite autorisé pour la consommation de ces substances.

Sérgio Salvia Coelho
Metteur en scène, crititque et
professeur d'histoire du théâtre

ColeçãoPalco
Sur Scène

LA DEMANDE D'EMPLOI

Pièce en trente morceaux

Michel Vinaver

PERSONNAGES

WALLACE, directeur du recrutement des cadres CIVA.
FAGE.
LOUISE, sa femme.
NATHALIE, leur fille.

Ils sont en scène sans discontinuer.

UN

WALLACE – Vous êtes né le 14 juin 1927 à Madagascar

LOUISE – Chéri

FAGE – J'ai physiquement

WALLACE – C'est évident

LOUISE – Quelle heure est-il ?

NATHALIE – Papa ne me fais pas ça à moi

FAGE – C'est un idéal qu'on se forge en commun je veux dire qu'on ne travaille pas seulement pour le bulletin de salaire

LOUISE – Tu aurais dû me réveiller

FAGE – J'allais le faire et puis tu dormais avec tant d'abandon

WALLACE – Que faisaient vos parents en 1927 à Madagascar ?

FAGE – Avec ton bras replié c'était joli à regarder

NATHALIE – Papa si tu me fais ça

LOUISE – Je n'ai pas ciré tes souliers

FAGE – Mon père était médecin militaire

LOUISE – Tu es parti tout crotté

NATHALIE – Papa réponds-moi

FAGE – En garnison à l'époque à Tananarive

WALLACE – Dans notre société

FAGE – Mais je ne garde aucun souvenir

WALLACE – Nous attachons beaucoup d'importance à l'homme

LOUISE – J'entendais aussi donner un coup au pli de ton pantalon

FAGE – C'est une des raisons pour lesquelles j'ai répondu à votre annonce c'est la raison pour laquelle votre société m'intéresse

WALLACE – Vous pesez

FAGE – Soixante-sept kilos

WALLACE – Pour une taille de

FAGE – Un mètre soixante et onze marié un seul enfant une fille de seize ans dix-sept ans bientôt nous avions aussi un garçon mais il est mort dans un accident d'auto

DEUX

FAGE – Physiquement en pleine forme

WALLACE – Ça se voit vous êtes de constitution robuste

FAGE – Tout est arrangé ma chérie j'ai pu avoir vos deux billets pour Londres

WALLACE – Sur le plan nerveux ?

LOUISE – Elle refuse d'y aller

FAGE – Je la hisserai moi-même dans l'avion par la peau du cou

LOUISE – Mais mon chéri

FAGE – Sur le plan nerveux ?

LOUISE – À Orly tu ne pourras pas passer au-delà du contrôle de police

FAGE – Donne-lui un ou deux comprimés

LOUISE – Quels comprimés mon Dieu ?

FAGE – Mes nerfs sont à toute épreuve il le faut

NATHALIE – Papa j'aurais quelque chose à te faire savoir

FAGE – Eh bien dis

NATHALIE – J'attends un petit bébé papa

FAGE – De qui ?

NATHALIE – D'un certain Mulawa

WALLACE – Vous avez donc décidé de remettre votre démission

LOUISE – Ce sont les petites choses souvent qui comptent chéri dans un premier contact ce sont elles qui peuvent être déterminantes si on a pris le soin de se cirer les souliers si les ongles sont propres

FAGE – Je sais si le noeud de la cravate est bien au milieu du col

LOUISE – Si la chemise

WALLACE – Racontez

NATHALIE – Tu l'as vu papa je l'ai amené deux ou trois fois à la maison

FAGE – Si le pli du pantalon

WALLACE – Ce qui est capital dans l'homme que nous cherchons c'est la maîtrise de l'événement dont il est capable je veux dire la maîtrise dont il est capable de l'événement

FAGE – Ne pas se laisser dériver

WALLACE – Assumer

FAGE – Si je devais me souvenir de tous tes petits copains qui défilent dans ta chambre

NATHALIE – Mais celui-là tu pourrais t'en souvenir il est noir

LOUISE – Le courrier mon chéri Biscuits Lu nous regrettons de vous aviser que l'emploi auquel vous avez postulé est déjà pourvu les bas Dim nous vous remercions d'avoir bien voulu malheureusement Philips nous avons bien reçu votre curriculum vitæ qui ne correspond pas le Mobilier de France en réponse à votre demande d'emploi Uclaf-Roussel vous avez bien voulu

FAGE – Comment noir ?

NATHALIE – Comme l'ébène

LOUISE – Tous ces gens pourraient faire l'effort de donner à leurs circulaires ronéotypées une apparence un peu plus personnelle mais il y a une vraie lettre c'est de Colgate Palmolive une réponse une vraie on dirait

WALLACE – Racontez les circonstances de cette démission

FAGE – Noir vraiment ? Tiens c'est curieux je n'y aurais pas pensé tu en as parlé à maman ?

LOUISE – Ils veulent te voir au plus vite chéri en plus c'est assez chaleureusement rédigé

NATHALIE – Je t'en laisse le soin

LOUISE – Mardi quatorze heures à Courbevoie

FAGE – On ira voir c'est une Société valable en tout cas sérieuse à vrai dire je ne m'attendais pas à recevoir une réponse positive

WALLACE – Vous avez démissionné parce que

NATHALIE – Tu ne me dis rien

LOUISE – Pourquoi donc chéri ?

WALLACE – Je comprends vous n'êtes pas fait pour des besognes uniquement répétitives

FAGE – Dans ces grandes boîtes internationales normalement ils n'embauchent pas au-dessus de trente-cinq ans

TROIS

WALLACE – Fumez-vous ?

FAGE – Merci je ne fume pas

WALLACE – Parce que vous aussi

FAGE – Vous aussi vous vous êtes arrêté de fumer ?

WALLACE – Il y a trois ans

FAGE – Moi aussi à peu près il y a deux ans et demi

WALLACE – Vous avez encore les doigts un peu jaunes

FAGE – Mais non

WALLACE – Un peu

FAGE – Cette lettre est datée du 3 février nous sommes le 16 quand est-elle arrivée ?

WALLACE – Êtes-vous franc ?

LOUISE – Je ne sais pas je suis sûre de n'avoir jamais vu cette enveloppe avant de me crier dessus demande à Nathalie neuf fois sur dix c'est elle qui descend prendre le courrier

FAGE – Une convocation des Eaux d'Évian mais c'est trop tard

NATHALIE – Papa tu n'as pas vu mon bouquin de maths ?

WALLACE – Nous cherchons une personnalité qui soit non seulement particulièrement dynamique

FAGE – Le rendez-vous était pour avant-hier

LOUISE – Téléphone-leur explique-leur

NATHALIE – Cette enveloppe ? Qu'est-ce que j'en sais ? Ça ne me dit rien

FAGE – Nathalie je cherche un job un seul tu entends ? Chaque lettre qui arrive peut justement être ce seul job que je cherche

NATHALIE – Je veux le faire papa et le garder

FAGE – Un job un seul c'est tout

LOUISE – Mon chéri quand est-ce qu'elle t'a dit ça ? Et tu es sûr qu'elle ne plaisante pas ?

FAGE – Tu es encore lycéenne Nathalie

NATHALIE – Je ne le garderai pas toute la vie un an ou deux jusqu'à ce qu'il sache dire son premier mot

WALLACE – La combinaison d'un réel dynamisme et d'une personnalité intensément créatrice

FAGE – Oui vous avez besoin de quelqu'un qui soit une turbine à idées pas un imitateur, mais un initiateur eh bien ça correspond assez à qui je suis

WALLACE – Comprenez-moi bien il ne suffit pas d'engendrer des idées

FAGE – Il faut les réaliser

WALLACE – Pas seulement ça monsieur Fage il faut un sens de l'entreprise à partir de quoi les idées qu'on peut avoir s'orientent d'une façon spécifique

FAGE – Je ne te demande pas grand-chose Nathalie

WALLACE – Et s'organisent suivant un certain schéma voyez-vous ?

FAGE – Un peu de soin ça n'est pas si difficile mais quand tu vas chercher le courrier tu t'intéresses à tes lettres les autres tu les poses n'importe où tant et si bien qu'on tombe dessus par hasard deux semaines après ou jamais des propositions comme celles-ci sais-tu combien j'en ai reçues depuis le début ? Le sais-tu ?

WALLACE – Je voudrais maintenant que vous me disiez ce qui vous fait penser que vous êtes capable de réussir dans cette position

LOUISE – Téléphone-leur aux Eaux d'Évian

FAGE – Ça ferait bonne impression

LOUISE – C'est peut-être à la poste qu'elle est restée en rade mon chéri dans la sacoche du facteur

FAGE – Je te dis que la petite s'en fout

LOUISE – Oh non c'est un véritable désastre

WALLACE – Oui dites-moi quels sont vos objectifs personnels ?

FAGE – Professionnellement ou dans la vie en général ?

LOUISE – Mais elle n'a aucun sens de la réalité

WALLACE – Que visez-vous ? Où voulez-vous arriver ?

LOUISE – Elle veut le voir marcher et puis le donner ?

NATHALIE – Je n'irai pas à Londres

LOUISE – Très mûre sur le plan intellectuel peut-être quand il s'agit d'abstractions mais sur le plan de la vraie intelligence celle de la vie réelle

NATHALIE – Mon manuel de maths maman

LOUISE – Ce n'est pas lui qui traînait hier soir dans la cuisine ?

WALLACE – Pas plus haut ? Pourquoi ? Ce que je voudrais essayer de cerner ce sont vos limites

LOUISE – Elle veut le voir prononcer son premier mot et puis adieu comme si elle ne savait pas que le premier mot c'est maman

FAGE – Si tu essayais de lui parler ?

LOUISE – Comme si tu ne savais pas qu'elle refuse tout contact avec moi

QUATRE

FAGE – C'est tout à fait dans mes cordes ah ça me séduit beaucoup

NATHALIE – Tu te méfies papa tu prends ton virage sec de l'autre côté c'est le vide

WALLACE – S'il est vrai que vous excellez dans les contacts humains

NATHALIE – Ne te laisse pas déporter suis bien la courbe de la combe

FAGE – C'est incomparable

LOUISE – Le seul moyen de l'emmener à Londres c'est que toi tu partes avec elle avec moi elle ne partira pas

NATHALIE – Après il y a un mur d'une quarantaine de mètres il est étroit tu es obligé de le prendre schuss

FAGE – Dans ces circonstances c'est plutôt le rôle de la maman

LOUISE – Oui mais elle est bloquée avec moi par ma faute du reste je lui ai toujours dit ses quatre vérités tandis que toi

FAGE – Mon amour je suis plus sévère avec elle que toi

LOUISE – Tu es sévère oui et tu rampes devant elle

NATHALIE – Et puis après ça va tout seul

FAGE – Toi tu lui cries dessus c'est étonnant toi qui en général te contrôles si bien

LOUISE – Parce que je sens qu'elle me nie

NATHALIE – Tu y vas ?

FAGE – Non vas-y ouvre la trace

NATHALIE – C'était superbe papa

CINQ

NATHALIE – Oh aller à Londres avec toi ? On se promènera dans Kings Road et à Carnaby Street on dévalisera les magasins on fera la tournée des pubs

FAGE – Mon petit lardon aller à Londres en ce moment pour le plaisir

WALLACE – Vous avez l'air de mastiquer avez-vous quelque chose dans la bouche ?

FAGE – Ça a été pour moi un réel soulagement

WALLACE – En sept ans vous aviez triplé le chiffre d'affaires réorganisé la force de vente structuré la clientèle introduit les méthodes promotionnelles

FAGE – Quand cet homme faible qu'est monsieur Bergognan quand avec un sourire lamentable il m'a fait entrer dans son bureau

WALLACE – Parce que cette démission

FAGE – Oui ça a été maquillé ainsi parce que ça les arrangeait bien et moi aussi mais ils m'ont proprement balancé du jour au lendemain comme un garçon de courses dans l'enveloppe le compte était fait vous connaissez la musique ma lettre de démission était tapée par leurs soins ils me l'ont fait signer debout dans le couloir

LOUISE – Embrasse-moi

NATHALIE – Il est très chouette Griffith le prof d'anglais ce matin

LOUISE – Tiens-moi fort

FAGE – Bien entendu Bergognan était télécommandé

LOUISE – J'ai besoin que tu me rassures

NATHALIE – Ce matin il nous a assis en cercle par terre pour une introduction à la méditation bouddhique tu sais qu'il y a de véritables techniques pour la méditation mais les filles sont bêtes

LOUISE – Oui j'ai un peu peur

NATHALIE – Il y en avait qui riaient

FAGE – Après vingt-trois ans mais je vais vous dire une chose qui vous étonnera je ne regrette pas

LOUISE – Non je n'ai pas peur que tu ne retrouves plus de situation je sais bien que le jour venu tu trouveras exactement la situation que tu cherches

NATHALIE – Les garçons en général ont trouvé que c'était chouette

LOUISE – J'ai peur que tu t'éloignes de moi

FAGE – Surtout quand on est encore dans la force de l'âge et si on a la volonté de rebondir

NATHALIE – Il y en a un il a réussi à s'abîmer mais vraiment

LOUISE – Il faut que tu me dises

FAGE – Oui c'est un choc ça vous flanque par terre mais si vous réussissez à vous relever

LOUISE – Mon chéri une femme a besoin

FAGE – Allez v'lan c'est excellent moi j'y vois la chance de ma vie et surtout avec cette brutalité ça vous décape

WALLACE – Dans vos prières vous remerciez monsieur Bergognan

FAGE – Pauvre type celui-là

WALLACE – De vous avoir appris que les choses les plus sûres sont précaires ?

NATHALIE – Tous on a fait cercle autour de lui c'était génial le prof avait drôlement les jetons

LOUISE – Comment as-tu pu faire cette tache à ton imperméable mon chéri ?

FAGE – Mon amour de nous deux c'est toi

LOUISE – Quoi ?

FAGE – La plus forte

NATHALIE – On a attendu qu'il refasse surface

FAGE – La plus vaillante

NATHALIE – C'était d'une intensité

FAGE – Bien sûr que rien n'est changé

LOUISE – Je n'y arrive pas

FAGE – Ne t'en fais pas

LOUISE – Ce n'est pas une tache de graisse

FAGE – Ça vous passe à l'acide

LOUISE – J'ai tout essayé

FAGE – De meilleurs jours

LOUISE – Tu es fatigué ?

FAGE – Dans le courrier ?

LOUISE – Viens dormir

SIX

WALLACE – Pour ce poste ? Nous avons dû recevoir entre cent cinquante et deux cents candidatures

LOUISE – Entre les billets d'avion la clinique la chambre d'hôtel les faux frais

FAGE – Il faut quand même en passer par là

LOUISE – Je sais bien

NATHALIE – Mon papa fait une drôle de bouille je sais d'où il vient

WALLACE – Ce premier tri permet d'identifier une trentaine de candidats sérieux qui sont soumis par mes services à une interview préliminaire

LOUISE – Simplement je palpe le porte-monnaie

NATHALIE – Il vient d'aller toucher son allocation hebdomadaire

LOUISE – Nathalie quand tu parles de ton père

NATHALIE – Il revient toujours avec cette même bouille

LOUISE – Ne dis pas bouille

FAGE – Très bien menée on sent qu'on a affaire à des professionnels

LOUISE – C'est très éprouvant pour ton père il faut faire la queue pendant des heures tout le monde est mélangé les employés les ouvriers les cadres supérieurs

WALLACE – Dans ce cas-ci nous en avons sélectionné six pour l'interview de fond

LOUISE – À table

NATHALIE – J'ai l'impression de vivre un conte de fées

LOUISE – Pourquoi cette grimace ?

NATHALIE – Tu sais la blanquette

WALLACE – Je les fais moi-même personnellement

NATHALIE – Il était une fois dans une petite chaumière

LOUISE – Le veau était en réclame aujourd'hui

FAGE – Délicieuse

NATHALIE – Un couple de papa-chômeurs il y avait monsieur papachômeur madame papa-chômeur et leur petit bout de fille qui s'appelait mademoiselle papa-chômeur qu'elle était douce leur chaumière madame revenait du marché où elle avait acheté toutes les bonnes réclames monsieur épluchait son journal

FAGE – Tu exagères le côté psychologique

LOUISE – Ne crois pas ça cette petite est extrêmement sensible

WALLACE – Sur les six je vise à en éliminer quatre de façon à n'en présenter que deux au directeur du département pour une interview finale mais il arrive que j'en présente trois ou seulement un ou même aucun alors il n'y a plus qu'à recommencer

LOUISE – Même si elle n'extériorise que peu ou pas du tout ses sentiments

NATHALIE – Mademoiselle papa-chômeur écoutait un disque couchée sur le ventre par terre les pieds en l'air quand tout d'un coup

FAGE – Ce n'est pas vous ?

WALLACE – Non c'est toujours le chef de département qui prend la décision parfois le président-directeur général quand il s'agit d'un poste auquel il attache une importance particulière participe à cette interview finale

LOUISE – C'est un traumatisme

FAGE – Ils vous l'endorment ça vous passe comme une lettre à la poste

LOUISE – Ne crois pas ça

WALLACE – C'est le seul domaine où l'on ne peut tout simplement pas se permettre de faire d'erreur c'est aussi le domaine où il est le plus difficile de ne pas faire d'erreur

LOUISE – Pour n'importe quelle femme physiologiquement et sur le plan psychique

WALLACE – Il y a tellement d'impondérables

LOUISE – A fortiori pour une gosse de son âge

WALLACE – L'erreur est une véritable hantise voyez vous la part du subjectif est considérable du reste il faut se garder d'essayer de l'éliminer entre la Société et la nouvelle recrue il faut que ce soit un peu comme un mariage d'amour

FAGE – Je l'emmènerai faire une semaine de ski pour la retaper

NATHALIE – Pendant que vous faites la queue vous devez vous raconter des histoires de queue

LOUISE – Nathalie

NATHALIE – Je n'ai pas le droit d'imaginer ?

LOUISE – Une semaine à Courchevel ? Mais avec quel argent ?

WALLACE – Chaque candidat

LOUISE – Londres puis Courchevel ? Ça commence à ressembler à un voyage de noces

WALLACE – Vous par exemple

FAGE – Moi ?

WALLACE – Je vous considère comme étant en puissance le prochain président-directeur général de la société

FAGE – Pourquoi moi ?

WALLACE – Je considère ainsi chaque candidat

FAGE – Ne t'inquiète pas chérie

LOUISE – Je ne m'inquiète pas mais je vois ce qui reste de notre petit capital

FAGE – J'ai bon espoir

LOUISE – Cette petite plaisanterie

FAGE – Je crois qu'on voit le bout du tunnel

LOUISE – Ce qu'elle va nous coûter

FAGE – Chut

SEPT

WALLACE – Du fait que CIVA est une entreprise jeune moderne dynamique

FAGE – D'où vient ce nom CIVA ?

WALLACE – Je vous laisse imaginer

FAGE – Il y a un dieu hindou

WALLACE – Oui vous savez tout ce que l'Occident puise actuellement dans l'Orient quand il s'agit de trouver les ressources spirituelles nécessaires pour résister aux aspects les plus stérilisants de la société technocratique CIVA C.I.V.A. Communauté Internationale

FAGE – De Vacances Agréables ?

WALLACE – Agréables ? Non

FAGE – De Vacances Aménagées ? De Vacances Assistées ?

LOUISE – Il est temps de partir

FAGE – Viens Nathalie

NATHALIE – Tu ne me feras pas entrer dans cette clinique

FAGE – Nous aurons le temps d'en discuter dans l'avion

NATHALIE – Il entraîne sa fille à Londres pour la faire avorter tu ne vois pas ce titre-là dans France Dimanche ?

FAGE – Communauté Internationale

WALLACE – De Vacances Animation à partir d'un tronc central créé il y a cinq ans il ne se passe pas de mois ou même de semaine sans que de nouvelles ramifications à l'origine calqué sur le Club Méditerranée avec en plus l'accent mis sur la recherche de la paix dans le monde dans l'esprit de ses fondateurs CIVA devait au travers d'un brassage de gens de tous les pays et de tous les milieux parce que CIVA est né de la rencontre entre deux objecteurs de conscience un Français et un Américain

FAGE – J'ai quarante-trois ans je suis né à Madagascar

LOUISE – D'où reviens-tu si tard ?

FAGE – Ils m'ont fait attendre absolument pour rien c'était humiliant

LOUISE – Tu as l'air éreinté

FAGE – Des gens d'une grossièreté

LOUISE – Tu ne convenais pas ?

NATHALIE – Dans ma compo de grec papa

FAGE – Ce n'est pas ça c'était un job bidon

NATHALIE – Un texte de Thucydide assez obscène

FAGE – Avec un salaire risible

LOUISE – Il ne faudrait peut-être pas être si difficile

NATHALIE – J'ai fait deux faux sens et la prof prétend un non-sens c'est elle qui n'a pas compris

LOUISE – Pour une fois tu ne seras peut-être pas première

NATHALIE – C'est lassant de vous voir tous les deux tous les jours

FAGE – Ils osent appeler ça un directeur de la promotion des ventes en fait c'est un graphiste qu'ils recherchent il s'agit de dessiner des affichettes

WALLACE – En dehors du ski et du tennis quels sports encore pratiquez-vous ?

FAGE – Pour une gamme de fromages

LOUISE – Prends bien soin

FAGE – Oui

LOUISE – Que Dieu vous bénisse

HUIT

FAGE – On peut dire que j'ai entièrement façonné cette équipe dans les premiers six mois j'ai viré tous les vieux bonshommes qui traînaient là-dedans j'ai embauché de jeunes loups des types aux dents longues qui cherchaient à mordre

NATHALIE – Je l'ai rencontré aux Presses Universitaires de France boulevard Saint-Michel au rayon mythologie

FAGE – En deux ans j'ai complètement renversé la situation parce que vous savez monsieur Bergognan

NATHALIE – Il m'a prise pour une vendeuse

LOUISE – Tu me fais un peu peur en ce moment mon chéri

FAGE – C'est un homme qui a un don artistique incontestable il dessine lui-même tous ses modèles mais allez lui parler d'organisation de gestion

NATHALIE – Il m'a demandé si nous avions le Cru et le Cuit de Lévi-Strauss

WALLACE – Avez-vous des sautes d'humeur ?

LOUISE – Je sais que ça fait quatre mois que ça dure on peut tenir six mois si on veut

WALLACE – Êtes-vous susceptible ?

NATHALIE – Je lui ai dit que je n'appartenais pas à la librairie

FAGE – Il a eu la chance de tomber sur trois collaborateurs de valeur qui y ont cru

WALLACE – Persévérant ?

FAGE – Qui ont senti quel était là le potentiel un publicitaire un financier et moi je m'y suis jeté à corps perdu

NATHALIE – Il s'est excusé

LOUISE – Pourvu que le moral tienne mon chéri moi je connais toutes tes capacités

NATHALIE – J'ai ri

FAGE – Parce qu'au moment où monsieur Bergognan m'a confié la direction des ventes

LOUISE – Tu sais que j'ai toujours été fière de toi mais oui c'est vrai que je t'admire

FAGE – Aucune politique n'existait le vide

NATHALIE – Je l'ai aidé à chercher son livre on a fouillé ensemble le rayon

LOUISE – Je suis convaincue aujourd'hui plus encore que quand je t'ai connu

FAGE – Alors vous me demandez si j'ai le tempérament entreprenant mais ce n'est pas seulement d'entreprendre

LOUISE – Seulement toi qui es un si grand spécialiste de la vente mon chéri si seulement tu apprenais à te mettre toi-même en valeur

NATHALIE – Il m'a dit qu'il descendait d'une tribu anthropophage et que son grand-père était roi

LOUISE – Il faut te faire mousser un peu de temps en temps

FAGE – Il a fallu la foi il a fallu une énergie incroyable parce que monsieur Bergognan vous croyez qu'il encourageait mes initiatives ?

LOUISE – Tu as de magnifiques réussites à ton actif

NATHALIE – Il m'a invitée à aller prendre un jus de fruit

FAGE – Et regardez maintenant la dimension que ça a pris

WALLACE – Vous gardez votre sang-froid ?

NATHALIE – Je lui ai demandé ce qu'il faisait

WALLACE – Vous vous emportez parfois ? Il vous arrive de regretter certaines paroles ?

FAGE – L'année dernière avec le lancement de la ligne Mâle on a accédé à la deuxième place sur le marché derrière Petit Bateau il a pris peur monsieur Bergognan ça lui a donné le vertige

NATHALIE – Des études et il vend de la marijuana

LOUISE – Il faut de la patience et du sang-froid jusqu'au moment où tu verras tu rebondiras plus haut encore que tu n'étais

WALLACE – Êtes-vous inquiet parfois des décisions que vous avez prises ? Avez-vous le souci de la perfection ?

FAGE – Des gens lui ont dit qu'il était trop petit pour se défendre qu'il fallait vendre au point le plus haut il y avait longtemps que les requins tournaient autour un Allemand un Italien deux Américains

WALLACE – Et votre femme ?

FAGE – Ma femme c'est curieux ma femme ce n'est pas du tout le genre de femme

WALLACE – Vous avez le goût de la planification ?

LOUISE – Tu n'as aucune autorité sur elle

FAGE – Nous sommes heureux

LOUISE – Aveugle

FAGE – Un ménage uni

WALLACE – Vous êtes à l'aise avec les chiffres ?

FAGE – Mais c'est une skieuse magnifique racée elle n'a pas froid aux yeux parfois

LOUISE – Je me demande si quand tu la regardes avec tes yeux un peu mouillés

WALLACE – Vous êtes rapide ?

FAGE – Je me laisse entraîner derrière elle dans des endroits

WALLACE – Vous terminez ce que vous avez entrepris ?

FAGE – Ah oui toujours

WALLACE – Ponctuel ?

FAGE – Le respect des horaires ça

WALLACE – Égal d'humeur avec vos collègues ?

FAGE – Plutôt

WALLACE – Facile d'accès ?

FAGE – Ça oui très

WALLACE – Capable de décisions impopulaires ?

FAGE – J'ai appris à l'être

WALLACE – Dur ?

FAGE – Comment dur ?

WALLACE – Avec vos subordonnés

FAGE – Dur d'exigence mais chaleureux

WALLACE – Juste ?

FAGE – Oui juste

WALLACE – Réfléchi ?

NEUF

WALLACE – Et votre fille ?

NATHALIE – Tu ne comprends pas que c'est formidable de faire un enfant ?

FAGE – C'est une grande chose oui un acte grave

WALLACE – Quel âge ?

FAGE – Une grande fille déjà elle fait sa première très douée avec elle nous n'avons pas de problèmes je dois l'emmener une semaine à Courchevel pour sa convalescence

WALLACE – Malade ?

FAGE – Un petit accident

WALLACE – J'affectionne aussi Courchevel

FAGE – Qu'est-ce que tu veux ?

NATHALIE – Savoir ce que c'est accoucher nourrir le mener jusqu'aux premiers pas après on le refilera il y a des quantités de couples qui cherchent un enfant

FAGE – Ah les Trois Vallées c'est un domaine skiable exceptionnel

WALLACE – Nous y avons un projet en cours actuellement de deux milliards et demi

FAGE – Je ne te comprends pas

NATHALIE – Parce que tu me vois sur un seul plan on vit sur plusieurs plans

FAGE – D'où vient cette ceinture ?

NATHALIE – Je l'ai achetée

FAGE – Avec quel argent ?

NATHALIE – Je l'ai pris dans le sac de maman

FAGE – Tu sais combien ta maman et moi nous cherchons à économiser

NATHALIE – J'aimerais qu'on n'ait plus un rond j'aimerais qu'on soit très pauvre ou très riche *(découpant sa ceinture avec un canif)* c'est pour donner aux oiseaux l'argent c'est le travail

WALLACE – Sur le plan de l'organisation la particularité de CIVA est d'être une société à deux têtes l'une à New York l'autre à Paris vous parlez couramment anglais naturellement

FAGE – Je me débrouille

WALLACE – Le poste que nous cherchons à pourvoir résulte de la nécessité de procurer une formule nouvelle à la grande masse des touristes américains qui n'ont le choix qu'entre un voyage indépendant toujours raté et le tour organisé des agences type troupeau de moutons ce nouveau département sera lui aussi bicéphale un chef de service à New York chargé de la vente et de la mise en route des groupes un chef de service à Paris chargé des itinéraires et de l'animation lui aussi doit être un vendeur car c'est lui par le succès des voyages qu'il aura animés qui transformera chacun de ses clients en une vivante publicité pour les voyages CIVA il faut que Mrs Jones retour dans son quartier à Brooklyn racontant aux voisines sa nuit au Hilton d'Ankara ses méchouis et cætera recrute la clientèle des voyages suivants c'est pourquoi a priori le fait que vous soyez un vendeur de formation

FAGE – Vous avez parlé du Hilton mettrons-nous vraiment nos gens au Hilton ?

WALLACE – Pourquoi pas ? Vous aurez une puissance d'achat qui vous permettra de louer les Hilton entiers en morte-saison à des tarifs d'hôtels de troisième catégorie ce qui fait que vous pourrez offrir à des gens modestes la lune et les étoiles

FAGE – Mille idées déjà me traversent la tête je procède à mes réservations un an deux ans à l'avance quel hôtel même prestigieux ne serait pas tenté de prendre une assurance contre la conjoncture ?

WALLACE – Vous aurez à faire visiter le plus grand nombre de pays et de villes dans le moins de jours possible il faudra leur donner l'impression de découvrir ce que personne d'autre encore n'a vu

FAGE – Je leur montrerai le Colisée Notre-Dame bien sûr Big Ben parce qu'il faut qu'ils aient vu ça mais aussi le vieux quartier excentrique avec son lavoir ses joueurs de belote aux terrasses

DIX

FAGE – Tu es une fille réfléchie Nathalie tu n'es pas inconsciente comment est-ce que ça a pu arriver ?

NATHALIE – Ce qui est passé n'existe pas

FAGE – Mais ça s'est quand même produit

NATHALIE – Oh regarde est-ce que c'est une robe ?

FAGE – Ça a plutôt l'air d'une chemise de nuit

NATHALIE – Mais avec des manchettes de fourrure

FAGE – C'est complètement

NATHALIE – Oui transparent

LOUISE – Mais alors

NATHALIE – Ce n'est pas avec moi que ça s'est produit

LOUISE – Qu'est-ce que vous avez fait à Londres ?

FAGE – Mais avec qui ?

NATHALIE – Avec une autre d'ailleurs moi ou une autre

FAGE – Alors tu n'aimes pas ce garçon ?

LOUISE – Vous êtes restés trois jours

FAGE – J'ai essayé

LOUISE – Comment ?

FAGE – J'ai fait tout ce que j'ai pu

NATHALIE – Je ne veux pas avoir de mémoire

LOUISE – Qu'est-ce que vous avez fait ?

FAGE – On s'est promenés

WALLACE – Vous avez

FAGE – Je savais que vous alliez me parler de l'âge vous savez l'âge c'est une chose tout à fait relative il y en a qui sont vieux à vingt-cinq ans moi j'ai toujours fait ce qu'il fallait pour rester jeune et pour commencer une demi-heure de gymnastique tous les matins

WALLACE – Votre âge n'est pas nécessairement un handicap

FAGE – Du sport beaucoup de sport se coucher tôt suffisamment dormir

NATHALIE – Je veux enfin j'essaie de vivre d'une façon déconnectée on fait une chose pleinement une autre pleinement on n'essaie pas de relier sinon

WALLACE – Dormir oui vous voulez dormir et vous dormez vous êtes un homme volontaire vous allez de l'avant la mâchoire en avant

LOUISE – Et tu lui as acheté cette robe

FAGE – Tu fuis les responsabilités

NATHALIE – La responsabilité c'est obscène

FAGE – C'était une occasion

LOUISE – Comment ?

FAGE – Des soldes

WALLACE – Vous construisez votre vie

FAGE – Sur Kings Road

NATHALIE – C'est le sens de la responsabilité qui crée ce monde abject qui fait les parents comme ils sont

FAGE – Nathalie si tes parents n'étaient pas des gens responsables as-tu pensé

NATHALIE – Tu ne me feras pas penser

FAGE – Ce qui arrivera à ce petit écoute-moi

NATHALIE – Regarde si c'est joli

WALLACE – Vous êtes un être profondément satisfait

FAGE – Ah non je pense qu'on peut toujours faire mieux

LOUISE – Si tu as été aussi lâche avec
Bergognan qu'avec la petite

WALLACE – Mais vous êtes satisfait

LOUISE – Ça ne m'étonne pas qu'il ait pu se
débarrasser de toi aussi facilement

WALLACE – Vous vous aimez bien et vous faites
le nécessaire pour vous aimer toujours un peu plus

FAGE – Tu la veux cette robe ?

NATHALIE – Papa tu es fou ?

LOUISE – Il a dû en rester sur le flanc Bergognan
alors tu ne t'es même pas défendu ? Tu n'as pas
fait valoir tes droits ? Tu ne lui as pas dit que cette
Société t'appartenait autant qu'à lui ? Que ce n'était
pas pour rien que tu avais consacré vingt-trois ans
de ta vie à la faire grandir ? Tu n'as pas été tenté de le
prendre par les épaules et de le secouer de le secouer
jusqu'à ce qu'il dise

FAGE – Jusqu'à ce qu'il dise

WALLACE – Il y a d'autres moyens savez-
vous de garder sa jeunesse moins égocentriques
comme de ne pas y penser s'oublier

NATHALIE – Pourquoi ris-tu ?

FAGE – Qu'allons-nous dire à maman ?

ONZE

NATHALIE – Papa devient infernal

LOUISE – Tu n'aurais pas une idée pour le distraire ?

NATHALIE – Je vais lui acheter un revolver il a l'air si malheureux

WALLACE – Excellent excellent

FAGE – Mais ça n'est pas tout faire de chaque groupe de touristes une micro-société pratiquant l'autogestion

LOUISE – Que veux-tu ? Il n'est pas fait pour rester à la maison toute la journée

FAGE – Oui mais mon idée va plus loin

NATHALIE – Ou si je lui apprenais la méditation bouddhique ?

FAGE – Écoutez-moi introduire l'aléatoire

LOUISE – Mon chéri plutôt que de tourner en rond comme un ours si tu triais tes illustrés ?

FAGE – Chaque voyage commence par un brain-storm le premier soir à l'arrivée à l'hôtel l'animateur expose les différents éléments possibles du voyage qui peuvent se combiner la Rome antique les fjords de Norvège Soho by night le mur de Berlin il y a un nombre illimité de combinaisons à vous de construire la vôtre

NATHALIE – Papa regarde tu t'assieds à
califourchon

FAGE – Chaque voyage sera unique et
exprimera la personnalité du groupe

NATHALIE – Mais il faut d'abord que je
t'enseigne le principe de la respiration

FAGE – Voyage aléatoire formule-choc qui
d'un coup signe la différence avec la formule des
agences traditionnelles

WALLACE – Mais vous oubliez peut-être le
problème des réservations

LOUISE – Dans ces mocassins crasseux ? Tu n'es
pas présentable comme ça mon chéri

FAGE – Alors que rien n'indiquait qu'elle
s'intéressait déjà aux garçons

WALLACE – Le fait d'être né à Madagascar

LOUISE – Mais non ce n'est pas une question
d'être élégant c'est une question d'être soigné.

FAGE – Au contraire

WALLACE – C'était peut-être une prédestination

FAGE – C'est mon caractère je ne tiens pas sur place

LOUISE – Avec ces chaussures-là ça va beaucoup mieux

NATHALIE – Les Établissements Poclain la Librairie Hachette Prénatal

FAGE – Les voyages j'ai ça dans la peau

LOUISE – Chez Hachette ils ont déjà trouvé chez Prénatal ils accusent réception et te convoqueront à une date ultérieure c'est une circulaire elle n'est pas signée

FAGE – Mon père était médecin d'un régiment d'infanterie coloniale

LOUISE – Ce n'est pas Mulawa qui t'écrit ?

NATHALIE – Non Mulawa n'écrit pas

LOUISE – Où est-il ?

NATHALIE – Je ne sais pas

LOUISE – Chez Poclain ils ont examiné attentivement ils cherchent quelqu'un d'un niveau inférieur au tien au moins ils ont la correction de répondre

FAGE – Ils m'ont fait creuser ma propre fosse quand ils m'ont abattu je n'étais plus rien

LOUISE – C'est une bonne lettre

FAGE – Il a suffi de souffler pour que je tombe

WALLACE – Comment ?

FAGE – Deux mois et demi après l'acquisition ils nous ont débarqué un de leurs jeunes John un garçon très sympathique il venait se renseigner sur le marché français au bout de dix jours il avait compris le marché français et il me donnait des conseils il fallait supprimer les deux tiers des grossistes diminuer la marge des détaillants augmenter au contraire celle des chaînes de supermarchés je lui expliquais pourquoi le petit grossiste en France est encore indispensable pourquoi le détaillant traditionnel quinze jours après John était nommé directeur général des ventes moi je restais directeur des ventes j'ai demandé une description précise des deux fonctions on m'a répondu qu'il n'y avait rien de changé John verrait les choses de très haut peu à peu j'en suis venu à me demander ce que j'allais trouver à faire pour finir ma journée tout m'échappait dans la distribution des notes de service on m'oubliait j'étais là témoin du travail d'anéantissement auquel on se livrait sur tout ce que j'avais édifié au cours des années

LOUISE – Mon chéri tu as l'air bien absorbé

FAGE – Je me suis trouvé une occupation

LOUISE – Je vais te déranger mais il faudrait que tu m'enlèves ces papiers et pourquoi as-tu sorti toutes tes pipes ? Je voudrais mettre la table qu'est-ce que tu fais ?

FAGE – Le catalogue de ma collection

DOUZE

WALLACE – Naturellement vous n'avez pas plus cherché à tuer monsieur Bergognan que votre femme

FAGE – Tuer ma femme ?

WALLACE – Vous associez très étroitement votre femme à monsieur Bergognan

FAGE – Nous formons un couple très uni dites-moi si vous voyez autour de vous beaucoup de ménages unis après vingt ans de mariage

WALLACE – De quoi vous défendez-vous ?

FAGE – Bergognan ça n'est même pas la peine qu'on en parle ça n'est rien ça vaut pas mieux qu'un chiffon sale qu'on jette à la poubelle

WALLACE – Là vous vous êtes trahi

FAGE – Comment ?

WALLACE – C'est ce que je cherche

FAGE – Vous cherchez comment je me suis trahi ?

WALLACE – Non je cherche à vous amener à vous trahir le plus souvent et le plus gravement possible tout le sens de mon interview est là je ne m'intéresse pas aux faits que vous me racontez ni aux affirmations que vous me faites

FAGE – Ni aux idées que j'exprime ?

WALLACE – Non plus mais poursuivons nous disions donc que vous êtes collectionneur

FAGE – J'ai une collection de pipes de tous les pays

WALLACE – Qu'est-ce qui vous a incité à l'entreprendre ?

FAGE – Toujours la même chose le goût d'être ailleurs chaque pipe évoque un lieu

WALLACE – La pipe vous ne la fumez pas vous-même ?

FAGE – Mon père la fumait

WALLACE – Ah votre père la fumait ?

FAGE – Pourquoi ?

WALLACE – C'est intéressant

FAGE – C'est lui qui a commencé la collection oh il n'en avait que quelques-unes achetées ici et là au hasard des pérégrinations de son régiment plutôt comme souvenir ou pour son usage personnel il y a une ou deux pipes étranges qu'il a lui-même culottées

WALLACE – On lit en vous des sentiments encore très vivants lorsque vous évoquez votre père la pipe vous ne l'avez jamais fumée ?

FAGE – Non rien que la cigarette et plus maintenant

WALLACE – Oui vous avez abandonné il y a deux ans et demi

FAGE – À vrai dire j'ai eu une rechute depuis

WALLACE – Qui a duré longtemps ?

FAGE – *hurlant.* Je te dis que je ne veux pas de ton gâteau d'anniversaire

LOUISE – Mon chéri il est acheté on va le manger

FAGE – Oui ?

Il jette au sol l'assiette avec le gâteau.

LOUISE – Pardon mon chéri j'aurais dû réfléchir.

FAGE – Réfléchir à quoi grand Dieu ?

LOUISE – Ces questions de contraception je n'avais aucune raison de penser que ça pouvait avoir un intérêt immédiat pour elle mais je me suis dit qu'à trop attendre on risquait d'arriver trop tard elle a refusé la conversation mais avec un de ces silences violents que tu lui connais

TREIZE

WALLACE – L'interviewé au départ est comme un champ de neige vierge j'y fais la trace une toile blanche

LOUISE – Comprends-tu chéri ? Tout ce que nous avons construit

FAGE – Eh bien ?

LOUISE – J'y tiens

WALLACE – Le peintre devant son chevalet avec son pinceau il commence à ôter le blanc c'est ça l'acte peu à peu enlever tout ce blanc

LOUISE – Je ne pense pas à notre niveau de vie je ne pense pas à la situation sociale absolument pas je serais prête à recommencer à zéro avec toi si c'était nécessaire tu sais que je suis moins attachée que toi aux choses matérielles pourvu qu'on ait de quoi manger et où coucher un petit endroit chaud parce que je suis frileuse il faut que ça soit chauffé chéri c'est tout ce que je demande et même s'il faut avoir un peu froid

WALLACE – En arriver à un sentiment global une évidence qui n'est pas décomposable en chacun des éléments qui la constituent

LOUISE – On se serrera l'un contre l'autre n'est-ce pas

WALLACE – Et nous ne croyons pas aux tests

LOUISE – Dis-moi que tu m'aimes

WALLACE – C'est une façon d'abdiquer son intuition on croit accéder à l'objectivité alors qu'on n'a fait que projeter ses préjugés sur des gadgets auxquels on fait dire ce qu'on sait déjà

LOUISE – Si on la laisse avoir cet enfant

WALLACE – Interviewer se rapproche de l'acte créateur

LOUISE – Le qu'en dira-t-on ? Ça ne sera pas très agréable mais ça aussi ça se surmonte

WALLACE – Pas en restant extérieur au candidat

LOUISE – Les gens en parleront puis ils s'en fatigueront peut-être qu'ils se détourneront eh bien qu'ils se détournent ce n'est pas ce qui me fait peur ce qui me fait peur ? Je sens une menace dans tout ça

WALLACE – En engageant sa sympathie en se mettant soi-même entre parenthèses en entrant dans la peau de l'autre

LOUISE – Pour moi et pour toi pour nous trois

WALLACE – Faire sourdre le vrai les couches profondes

LOUISE – Je ne veux pas laisser tout ça se défaire

FAGE – Non Nathalie

NATHALIE – Si c'est ton dernier mot

FAGE – Oui tout à fait mon dernier mot

NATHALIE – J'irai le trouver ailleurs

FAGE – Dis-moi où l'argent ça se trouve moi
j'ai l'habitude de penser
qu'il se gagne

NATHALIE – Pas nécessairement

LOUISE – Là-dessus je n'ai aucune inquiétude
je suis sûre que tu retrouveras la situation que
tu mérites je suis plus confiante que toi plus
patiente aussi

WALLACE – Je n'embaucherais jamais un
candidat qui ne ment pas ce serait un signe
d'anormalité une absence de défense

LOUISE – Parce que j'ai confiance en toi

WALLACE – Le candidat construit donc il
ment il doit s'il fait bien son travail dire ce qui
doit lui servir taire ce qui pourrait croit-il nuire

LOUISE – C'est Nathalie qui me fait peur et toi

WALLACE – Une interview bien menée c'est toujours une agression mais aussi ça peut être la source d'une très grande douceur intime

LOUISE – Tu t'enorgueillis de ses prouesses scolaires effectivement sur le plan intellectuel

FAGE – Elle m'a demandé un billet de cent francs pour le Secours Rouge

WALLACE – Un candidat qui en définitive n'a pas été retenu m'a écrit par la suite pour me remercier je ne sais l'interview lui a permis de voir en lui-même par-delà ses multiples déguisements

LOUISE – Oui je sais on ne peut pas lui en vouloir elle a fait comme les autres aujourd'hui tout y entraîne les parents n'y peuvent pas grand-chose

FAGE – Mais qui est-ce ?

NATHALIE – Un copain de classe

FAGE – Qu'est-ce qu'il faisait ?

NATHALIE – Il peignait sur un mur

FAGE – Quoi ?

NATHALIE – Des mots

WALLACE – Ça a été pour moi plus qu'une simple satisfaction professionnelle

LOUISE – Mais quand elle vient nous dire cet enfant je veux le faire c'est le mot qu'elle a employé n'est-ce pas ? Faire ? Le faire pendant ses vacances le garder pendant une année et puis le repasser

NATHALIE – Nous on a pu se disperser

LOUISE – Je sais bien que tu as dit que tu n'es pas d'accord

NATHALIE – Les flics l'ont chopé

LOUISE – Mais alors que s'est-il passé à Londres ?

QUATORZE

FAGE – Vous vous trompez complètement

NATHALIE – Tu as été chercher ton allocation chômage ?

FAGE – Non non

NATHALIE – Parce que j'ai besoin d'argent aujourd'hui

FAGE – Si vous pensez ça c'est que je me suis mal exprimé mal expliqué

NATHALIE – Pour un copain une collecte

LOUISE – J'ai téléphoné à Germaine qui connaît un médecin qui le fera

FAGE – Au contraire

WALLACE – Nous faisons cela à quatre cent cinq mètres au-dessus de Courchevel

FAGE – Je suis fondamentalement un optimiste c'est même un de mes traits fondamentaux

NATHALIE – J'ai dit que j'apporterai cent francs

FAGE – Au départ je suis gagnant

WALLACE – Au coeur de la cité une piscine olympique à ciel ouvert donnant sur le glacier

LOUISE – Germaine a demandé que je ne divulgue pas son nom même à toi

NATHALIE – Pour payer les avocats

WALLACE – On débouche à ski jusque dans l'enceinte de la piscine

FAGE – Ah c'est extraordinaire

NATHALIE – Il le faut

WALLACE – Les gens ont leur maillot de bain sous leur fuseau

FAGE – Ils baissent le pantalon et hop dans l'eau

LOUISE – Non ce n'est pas un médecin véreux au contraire c'est un idéaliste elle me dit qu'il fait ça par conviction et seulement quand il est intimement convaincu

FAGE – Non mon handicap est que je viens professionnellement d'un secteur si différent

LOUISE – Parce que les risques ne sont pas négligeables

NATHALIE – Alors papa ?

FAGE – J'aurai tout à apprendre

WALLACE – En quelques semaines un homme comme vous fait le tour du problème

NATHALIE – Papa est resté toute la matinée prostré dans ce fauteuil

LOUISE – Qu'est-ce que c'est que cette histoire de Secours Rouge ?

NATHALIE – Quand un militant du lycée se trouve en prison

LOUISE – Tu sais que ce n'est pas une bonne plaisanterie du tout

WALLACE – La vente est universelle

LOUISE – Papa en a été très affecté

WALLACE – Là-dessus je n'ai pas la moindre inquiétude mon inquiétude

LOUISE – Que tu lui demandes de l'argent en ce moment

NATHALIE – Quoi

LOUISE – C'est infantile

NATHALIE – On est des bêtes ?

WALLACE – Vous êtes resté vingt-trois ans

FAGE – Oui

WALLACE – C'est beaucoup de fidélité peut-être trop

FAGE – Quand on a créé une équipe quand on croit dans la mission qu'on accomplit et qui n'est jamais finie j'ai peut-être une conception de la dignité humaine qui n'est plus courante mais non je ne me considère pas comme une marchandise

WALLACE – Lorsque après le rachat par cette société américaine

FAGE – Nous étions au milieu d'une promotion très importante je ne pouvais pas tout lâcher

LOUISE – Tu aurais dû me réveiller

FAGE – Tu dormais si profondément

WALLACE – Mais vous vous doutiez

LOUISE – Tes chaussures

FAGE – Au fond de moi-même j'espérais

WALLACE – C'est-à-dire ?

FAGE – Je vous ai dit je suis un optimiste

LOUISE – Il a plu hier

FAGE – Mon amour

LOUISE – Tes chaussures sont crottées

FAGE – Tu as oublié de faire mes chaussures

LOUISE – Quel temps fait-il aujourd'hui ?

FAGE – Elles sont dégoûtantes

NATHALIE – Papa j'essaie de faire mon devoir de maths

FAGE – Et alors ?

NATHALIE – Ne crie pas

FAGE – J'espérais qu'ils ouvriraient les yeux

WALLACE – Vous avez pensé que c'était un mauvais moment à passer

FAGE – Serrer les fesses attendre durer

WALLACE – Au fond vous aviez peur

FAGE – Eux craignaient pour leur sort moi au contraire

WALLACE – Peur de vous détacher vous aimiez trop la Maison

FAGE – Il fallait que je protège mes collaborateurs

WALLACE – Optimiste et généreux

FAGE – Et puis après tout je ne crache pas sur la fidélité

WALLACE – Bien sûr c'est une vertu trop rare

FAGE – Mon père qui avait réussi à faire sa médecine alors que son père à lui était instituteur

LOUISE – Il est fini chéri le catalogue de ta collection ?

FAGE – Sa désolation quand je suis entré chez Bergognan comme représentant pour vendre des chemisettes

LOUISE – Et si tu triais maintenant tous ces illustrés puisque tu tiens absolument à ne pas les jeter ?

WALLACE – Il n'a pas compris ?

FAGE – Ça lui paraissait une déchéance et pourtant

LOUISE – Trouve quelque chose à faire pour t'occuper

FAGE – Dans les dernières années je lui ai fait admettre que la vente n'est pas moins noble que l'activité militaire mais lui justement n'est entré dans l'armée que parce que ses parents n'avaient pas les moyens de l'aider à s'installer si c'était aujourd'hui il serait devenu médecin du travail il n'avait aucun sens de la concurrence

WALLACE – Que souhaitait-il que vous fassiez ?

FAGE – Des études apprendre alors que moi c'est la vraie vie qui m'intéressait mordre à pleines dents dedans tout de suite

QUINZE

WALLACE – Votre femme vous accompagne ?

FAGE – Rarement elle skie gentiment sans plus

WALLACE – Je ne fais pas beaucoup de ski de piste mais des promenades

FAGE – Nous aussi faisons de grandes randonnées la nuit passée dans les refuges des journées entières dans la profonde ah je vous emmènerais volontiers je connais des passages que bien peu connaissent

WALLACE – J'ai découvert l'année dernière quelques coins peut-être aurons-nous l'occasion mais chez vous c'est une véritable passion

FAGE – Quand on mène notre genre de vie

WALLACE – Trépidante

FAGE – Le ski c'est la rupture avec tout ce qui est confus mesquin c'est échapper à la pesanteur on s'envole c'est l'inconnu qu'on pénètre ce sont tous les muscles qu'on gouverne il y a comme une harmonie entre l'immensité qui vous entoure et l'intérieur du corps et c'est ma fille avec elle en ski on s'accorde nous formons un couple célèbre à Courchevel ah le père et la fille Fage

WALLACE – À quelle heure vous levez-vous le matin ?

FAGE – Tôt je suis debout entre cinq et six

WALLACE – Que faites-vous entre le moment où vous vous levez et le moment où vous partez pour le bureau ?

FAGE – Excusez-moi mais je ne comprends pas

WALLACE – C'est moi qui m'excuse si ma question n'est pas claire

FAGE – Je prends une douche

WALLACE – Très bien chaude ?

FAGE – Tiède sous la douche je récapitule tout ce que j'aurai à faire dans la journée

WALLACE – Vous restez longtemps sous la douche ?

FAGE – J'oublie mais avant de prendre ma douche

WALLACE – Ah

FAGE – Bien entendu je fais ma culture physique je commence par le salut au soleil c'est un mouvement yoga très simple qui vous permet de vous déployer une manière de prendre son élan pour la journée

WALLACE – Avant de vous raser ?

FAGE – Je ne peux pas me raser avant ma tasse de café

WALLACE – Vous pratiquez le yoga ?

FAGE – J'ai relevé ce mouvement dans une émission de télévision ça m'a intrigué je l'ai essayé

WALLACE – Nous étions sous la douche

FAGE – Pardon sous la douche souvent je découvre la solution de mes problèmes les décisions éclosent il m'arrive d'oublier le temps cela jusqu'à ce qu'un tambourinage de poings contre la porte m'y ramène c'est ma fille Nathalie qui demande l'usage de la salle de bain avant de partir au lycée

WALLACE – Si ce Mulawa veut épouser votre fille

FAGE – Nathalie a seize ans et d'ailleurs elle ne veut pas entendre parler de mariage ni d'avortement

WALLACE – Et vous ?

FAGE – Vous avez des enfants vous ?

WALLACE – Si le papa avait été blanc

FAGE – Vous pensez peut-être que je suis raciste ?

WALLACE – C'est intéressant chez vous cette passivité de même que vous vous êtes laissé réduire en bouillie chez Bergognan

FAGE – Comment ?

WALLACE – Ils vous ont demandé de vous déculotter puis de marcher à quatre pattes le derrière en l'air et vous vous êtes exécuté

FAGE – Comment ?

WALLACE – C'est moi qui vous le demande ce n'est pas par lâcheté congénitale vous êtes d'un naturel plutôt courageux c'est le besoin d'être protégé vous avez quelque chose d'infantile

FAGE – Je vous affirme que j'ai été soulagé quand ça s'est terminé

WALLACE – Exactement vous les avez laissés faire ce que vous saviez que vous deviez faire mais n'osiez faire vous vous êtes comme vous dites soulagé

FAGE – Ces garçons que j'avais recrutés formés vis-à-vis d'eux j'avais une responsabilité

WALLACE – Et vous cherchez dans votre sens du devoir un alibi à votre lâcheté ce qui du reste redouble la lâcheté

FAGE – Monsieur j'ai un autre rendez-vous

WALLACE – Rasseyez-vous

FAGE – Ravalez vos paroles

WALLACE – Allons tais-toi

FAGE – Toi-même boucle-la

WALLACE – Bien je note vos différentes réactions faculté d'encaisser les coups contrôle de soi sursaut de dignité

SEIZE

NATHALIE – Quelle est cette tour qui s'élance ?

FAGE – C'est Big Ben.

NATHALIE – Et cette grande bâtisse ?

FAGE – Le Parlement

NATHALIE – Papa j'ai des nausées tu sais chaque matin.

FAGE – Là à droite Westminster

NATHALIE – Papa pourquoi est-on heureux ?

WALLACE – Si vous réussissez

LOUISE – Ça a marché mon chéri

WALLACE – Des projets nous en avons de tous les côtés

NATHALIE – Oh mais papa je suis heureuse heureuse

LOUISE – Je commence lundi

NATHALIE – Toute cette ville non ce n'est pas la ville c'est tout l'univers mets ta main ici tu sens comme mon coeur bat ?

WALLACE – Sachez que si vous faites vos preuves si notre petite affaire de tourisme américain décolle comme il faut

LOUISE – Naturellement j'ai eu un peu le trac chéri mais ça s'est passé si facilement

NATHALIE – Mets ta main ici maintenant non plus bas là où un autre petit coeur bat on ne l'entend pas moi je sens

LOUISE – Et puis un salaire intéressant tu sais je suis contente si
contente

WALLACE – On ne vous y laissera pas longtemps parce qu'on aura besoin de vous pour lancer tel ou tel projet plus important ça pourrait être dans l'archéologie comme ça pourrait être dans les pèlerinages où tout est à faire dans les camps de vacances pour délinquants et handicapés

LOUISE – Et puis on n'aura pas besoin en tout cas tout de suite de vendre ta collection

NATHALIE – Oh papa je n'en peux plus

FAGE – Tu ne te sens pas bien ?

NATHALIE – Si si mais j'ai vécu ça si fort

LOUISE – Cette idée me rendait malade

FAGE – Je ne veux pas que tu travailles

LOUISE – Mais c'est fait mon chéri j'ai signé et puis ça me fera le plus grand bien tu sais

NATHALIE – C'était comme un embrasement tout irradiait

WALLACE – Dans la spéléologie il se produit en ce moment un mouvement considérable auquel il y a un an seulement personne ne semblait s'attendre mais nous l'avions prévu et dans le bateau à voile dans le parachutisme non chez nous on ne vous laissera pas jouir de vos succès avant que vous puissiez reprendre souffle on vous propulse plus loin plus haut

FAGE – J'aime

NATHALIE – Papa sais-tu ce que c'est un moment privilégié ?

FAGE – Mais je veux les vendre de toute façon

LOUISE – Pourquoi ?

WALLACE – L'humanité bée l'individu a de plus en plus de temps il sait de moins en moins quoi en faire cette béance nous concerne

FAGE – Ça ne m'intéresse plus

WALLACE – Notre vocation est de l'alimenter

LOUISE – D'où viens-tu chéri ?

FAGE – De chez le médecin

LOUISE – Pas pour Nathalie ?

WALLACE – Il y a des faims et des soifs encore inassouvies aucun aliment

LOUISE – Alors lequel ?

FAGE – Le docteur Wolff

LOUISE – Mais je ne le connais pas

WALLACE – Notre président nous disait l'autre jour en comité de direction messieurs mettez-vous bien dans la tête que nous vendons au sens plein du terme un produit alimentaire

FAGE – Il est l'heure allons-y Nathalie

NATHALIE – Où ?

FAGE – Pour un petit check-up c'est un cardiologue

LOUISE – Ça ne va pas ?

WALLACE – Il ne s'agit pas d'autre chose que de découvrir les voies d'un nouvel humanisme

FAGE – Au contraire ça va très bien

LOUISE – Alors

FAGE – À la clinique oh écoute

NATHALIE – J'ai déjà tout écouté

FAGE – J'avais un petit fourmillement dans les doigts de la main gauche Wolff m'a dit que ça n'est rien je suis en pleine forme il n'y a pas de courrier aujourd'hui ?

LOUISE – Voilà ton imperméable qui revient comme s'il était flambant neuf de chez le teinturier maman a téléphoné elle a une idée pour toi mais pourquoi est-ce que tu ris ?

FAGE – Pour rien parce que je me dis que j'ai de la chance d'avoir une petite femme comme toi parce que la vie est passionnante même avec ses difficultés

DIX-SEPT

FAGE – On est arrivé devant la porte de la clinique il était six heures et demie du soir

LOUISE – Vous êtes entrés ?

FAGE – Non

WALLACE – Et vis-à-vis de la politique ?

FAGE – Je ne m'occupe pas de politique je suis contre

WALLACE – Vis-à-vis de la liberté sexuelle ?

LOUISE – Pourquoi ? Vous êtes restés longtemps sur le seuil ?

FAGE – Je n'ai pas de préjugés mais regardez ma fille Nathalie elle réclame la révolution elle à seize ans épuisée déjà de faire ce qu'elle veut et quand je dis faire elle ne fait pas elle est charriée par ce qui survient quand je dis ce qu'elle veut elle ne veut rien elle est sujette à des petits vouloirs seulement ces petits vouloirs ça vous lamine une vie familiale il n'y a pas de communauté possible on ne peut pas suivre ma femme n'est plus choquée elle n'est plus qu'exténuée du coup elle m'exténue on s'exténue les uns les autres moi je crois qu'il y aura un retour du balancier il n'y a pas trente-six mille choses nouvelles dans le monde alors il faudra bien revenir en arrière ha la révolution ça dit bien ce que ça veut dire ça tourne ça tourne et tout revient au même

NATHALIE – C'était comme une musique

LOUISE – Et vous avez fait demi-tour ?

WALLACE – Entre ces deux choses à laquelle vous identifiez-vous plus volontiers un bras une jambe

FAGE – Une jambe

WALLACE – Une tête un coeur

FAGE – Un coeur

WALLACE – Un léopard une abeille

FAGE – Non pas tout de suite

LOUISE – J'ai quand même le droit de savoir

FAGE – Un léopard

WALLACE – Un vase un tapis

FAGE – Un vase un tapis ?

WALLACE – Un vase un tapis

FAGE – Un tapis

WALLACE – Une foule un désert

FAGE – Je t'ai déjà expliqué

LOUISE – Est-ce toi qui as changé d'avis ? Est-ce elle ?

FAGE – Une foule

LOUISE – Et toi qui

WALLACE – Le vêtu le nu

FAGE – Le nu

WALLACE – L'escroc le sadique

FAGE – L'escroc

WALLACE – Une larme un aboiement

FAGE – Un aboiement

LOUISE – À table mes chéris à table

FAGE – J'ai fait un tour jusqu'à la place Saint-Sulpice c'était très agréable

NATHALIE – Génial maman tu fais les meilleures frites de la terre

FAGE – Alors quelle est la merveilleuse idée de ta mère ? Je suis en pleine forme je reviens de chez Colgate Palmolive

NATHALIE – C'était entre trois et quatre heures du matin

FAGE – Très bien ces gens-là

NATHALIE – Pendant un quart d'heure vingt minutes on a pu faire le boulot tranquillement j'étais de faction à l'angle de la rue du Marché

FAGE – Très bien

LOUISE – Ils sont intéressés ?

FAGE – Très avec ces gens-là on parle le même langage ils ont plusieurs autres candidats valables

NATHALIE – Une ronde a débouché mais de l'autre côté

LOUISE – Mange mon chéri Nathalie

NATHALIE – Alors tout de suite les matraques

LOUISE – Tu lui coupes l'appétit mon chéri tu sais combien maman t'admire elle pense qu'il suffirait que quelques entreprises au moins sachent qu'un homme de valeur comme toi est disponible mais comment le leur faire savoir ? Elle dit que tu pourrais faire une lettre au Monde portant témoignage de la difficulté qu'il y a pour un cadre encore loin d'être vieux de la veulerie dans les réponses qu'on reçoit de la dégradation du moral de la lente montée de l'angoisse il est possible que le Monde la publie tu mentionnerais ton expérience professionnelle ton mérite tes réussites

FAGE – Et puis l'accident et puis le vide

LOUISE – Pas du tout pour te plaindre mais pour illustrer une des choses qui ne tournent pas rond dans la société d'aujourd'hui

FAGE – Je ne vois pas ce que me veut ta mère je ne vois pas de quoi elle se mêle

LOUISE – Justement ce qu'il faut

FAGE – Des déchets il faut des déchets pourquoi est-ce qu'il n'y aurait pas des déchets ? Vingt-trois ans pour devenir un déchet

NATHALIE – J'ai pris mes jambes à mon cou jamais je n'ai couru aussi vite

FAGE – C'est une performance

NATHALIE – Seulement Roland a trébuché

LOUISE – Qui est Roland ?

NATHALIE – Ils l'ont chopé

FAGE – Vingt-trois ans on devrait être mis dehors tous les deux ans il y a longtemps que je n'ai pas si bien respiré vous savez que je suis encore capable de sauter mes quatre mètres quatre-vingtcinq en longueur Nathalie tu n'as jamais mis ta robe celle de Londres

WALLACE – L'acier la laine

FAGE – J'aimerais te voir dans cette robe

WALLACE – La lune le soleil

FAGE – Le soleil

WALLACE – Le sperme la morve

FAGE – Le sperme

WALLACE – Un départ une arrivée

FAGE – Un départ

WALLACE – Une hyène un rat

FAGE – Un rat

WALLACE – Un ventre un dos

FAGE – Tout ça est noté dans mon dossier ?

WALLACE – J'entre vos choix sur cette grille cela aboutit à un profil qui permet certains recoupements un ventre un dos

FAGE – Je refuse de continuer

WALLACE – Comme vous voulez

FAGE – Un ventre

WALLACE – La perversité la médiocrité

FAGE – Quelle que soit la réponse ça se retourne contre moi j'arrête

WALLACE – Ne vous raidissez pas la perversité

FAGE – La médiocrité

WALLACE – La proximité la distance

FAGE – La proximité la distance la proximité

WALLACE – L'huile l'essence

DIX-HUIT

WALLACE – Né il y a quarante-trois ans à
Madagascar d'un père médecin militaire et d'une
mère sans profession tous deux décédés marié
un enfant votre dernier emploi est directeur des
ventes aux Établissements Bergognan vous n'avez
pas de titres universitaires

FAGE – Non monsieur pas de parchemins tous
mes titres c'est à la vie que je les ai arrachés

LOUISE – D'où ça vient ?

NATHALIE – Je ne sais pas

FAGE – Mes titres c'est un chiffre d'affaires
doublé tous les trois ans depuis dix ans c'est un
profit multiplié par quinze pendant que
mes principaux concurrents stagnaient

LOUISE – Qu'est-ce que c'est ?

NATHALIE – Un arc

LOUISE – Je vois bien

FAGE – C'est l'organisation que je laisse derrière
moi solide prête à tout entreprendre c'est le
climat que j'ai créé

LOUISE – Et tu ne sais pas ?

FAGE – Un climat d'émulation un climat fraternel qui fait que pour chacun de mes hommes l'intérêt de l'affaire passe avant tout quand je leur disais on y va eh bien on y allait quand je leur disais c'est comme ça eh bien c'était comme ça

WALLACE – Combien gagniez-vous ?

FAGE – Tous avantages dedans j'arrivais à quatre-vingt-onze mille brut par an

NATHALIE – Je ne vois pas de flèches

WALLACE – Et vous demandez

FAGE – Pour moi le salaire n'est pas l'élément le plus important ce que je cherche avant tout

LOUISE – Un de tes copains ?

NATHALIE – Ça doit être papa

WALLACE – Quand même on ne démissionne pas à votre âge sur un coup de tête sans assurer ses arrières

FAGE – À force de faire toujours ce qui est raisonnable on y laisse sa dignité

NATHALIE – Tu lui as tellement dit qu'il fallait qu'il se trouve quelque chose à faire

WALLACE – Alors expliquez

NATHALIE – Il est tout neuf

LOUISE – Mais

NATHALIE – Moi qui voulais lui acheter un revolver

LOUISE – C'était malin

NATHALIE – C'est joli

FAGE – Oh une histoire banale vente de l'affaire parce qu'elle marchait trop bien des Américains qui n'y connaissaient rien il aurait fallu que j'accepte de continuer à fonctionner dans cette Société où tout ce que j'avais fait à présent se défaisait

WALLACE – Votre démission a eu pour vous en quelque sorte une valeur de message

FAGE – Dis-moi Nathalie pourquoi on travaille ? Pour gagner sa vie ? Mais quelle vie ? Je sais qu'il faut s'employer je vais m'employer à suivre cette poussière

DIX-NEUF

NATHALIE – Si j'aime Mulawa ? Tu as de ces questions

WALLACE – C'est cette image

LOUISE – Mais tu pourrais au moins nous le présenter ?

WALLACE – Il y a des images fortes dont on
n'arrive pas à se débarrasser moins on les supporte
plus elles vous hantent tout naturellement vous
vous cognez sans cesse à l'image de votre enfant
de seize ans se mettant sous le premier nègre sorti
de sa brousse sans qu'il y ait eu seulement violence
sans qu'il y ait eu passion émotion sans qu'il y ait
eu même précaution

FAGE – Ce n'est pas sa couleur

WALLACE – Comment est-ce qu'elle ne ferait
pas partie du tableau ? Avec l'image qui s'y
associe du petit garçon aux lèvres épaisses aux
cheveux crépus et le son de sa voix quand il vous
appellera grand-père

LOUISE – Il me semble que ça serait normal
Nathalie

FAGE – Oui tu pourrais l'inviter à déjeuner

LOUISE – Ou dîner le soir les choses se passent
mieux ce qu'on a
à se dire se dit plus facilement

FAGE – Comment savez-vous que ça sera un
garçon ?

WALLACE – Vous ne vous êtes jamais consolé
de la mort de votre fils

NATHALIE – Si ça peut vous faire plaisir

WALLACE – Vous ne vous êtes jamais pardonné votre imprudence quand vous avez doublé cette semi-remorque en haut de la côte de Marly-le-Roi

FAGE – Normalement je devais passer

NATHALIE – Seulement je ne sais vraiment pas ce que vous trouverez à vous dire

FAGE – Si la Peugeot derrière moi n'avait pas en même temps déboîté Nathalie ne veut pas le garder au-delà d'un an ou deux on change d'enfant comme de voiture quelqu'un lui en fera un autre quand elle en voudra un pour le garder alors celui-là me dira peut-être grand-père mais vous savez

NATHALIE – Ça n'est pas un bavard

FAGE – Je ne suis pas pressé

LOUISE – À quoi s'intéresse-t-il ?

WALLACE – C'est l'homme tout entier qu'il faut appréhender il n'y a pas de balance où nous mettrions d'un côté les points forts de l'autre les points faibles ce qui compte c'est la totalité unique et indivisible

NATHALIE – Il adore nager

WALLACE – Difficilement saisissable

NATHALIE – Quand on le cherche il faut faire les piscines les bistrots les squares c'est là qu'il a sa clientèle la plus fidèle

LOUISE – Gauchiste naturellement ?

FAGE – C'est lui qui t'a bourré le crâne avec ces idées de guérilla urbaine ?

NATHALIE – Il est absolument inconscient politiquement le marxisme l'intéresse seulement du point de vue sémantique même la lutte anti-impérialiste et anti-colonialiste j'ai pourtant essayé de lui expliquer ça le fait bâiller

LOUISE – Ça va être un dîner charmant

NATHALIE – Il est très intéressé par tout ce qui se rapporte à la boustifaille

FAGE – Faudra t'appliquer ma chérie

LOUISE – Mais il mange de tout ?

FAGE – Qu'est-ce qu'il aime ?

NATHALIE – Ce qu'il préfère c'est les rognons flambés

FAGE – Qu'est-ce qu'il fait ? Est-ce qu'il fait quelque chose ?

NATHALIE – Il recense les blagues il prépare une thèse sur la structure des blagues il est génial mais complètement silencieux

WALLACE – C'est regrettable mais compréhensible

FAGE – Je vous avoue

WALLACE – À force d'être inactif

FAGE – Les blagues qu'est-ce que ça veut dire les blagues ?

NATHALIE – Les histoires tu sais que les hommes se racontent dans le seul but de se faire rire

FAGE – Si vous essayez de me faire dire le contraire de ce que j'ai dit

WALLACE – N'avez-vous pas dit que vous êtes contre la politique ?

FAGE – J'ai dit

WALLACE – Ne vous intéressez-vous pas à l'évolution du monde ? Du pays ?

NATHALIE – Les histoires de fesses représentent plus de la moitié du corpus

WALLACE – Les grands problèmes d'intérêt public ? Le logement l'école les explosions atomiques ?

FAGE – Je voulais dire

NATHALIE – Il y a les histoires de curés de fantômes de juifs de fous

WALLACE – Vous mêler vous-même de politique ? La politique il faut laisser ça aux autres n'est-ce pas ?

NATHALIE – Il y a les histoires de militaires de médecins et de malades de croque-morts et de macchabées

WALLACE – N'est-ce pas monsieur Fage ?

FAGE – Alors il doit en connaître des tas ?

NATHALIE – En étudiant le plus grand nombre possible de variations ce qu'il recherche c'est l'invariant ce qui ne varie pas

LOUISE – Qu'as-tu mon chéri ?

FAGE – Mais rien

LOUISE – Tu sais cette petite est assez mythomane je commence à me demander

FAGE – Bergognan n'a jamais rien compris à l'esprit d'équipe

WALLACE – Le coup de pied au cul n'est-ce pas ?

LOUISE – Je me demande mais ce n'est pas possible

FAGE – Mulawa Mulawa

LOUISE – Justement je me demande

NATHALIE – Maman pourquoi papa rit-il tout seul ?

FAGE – Sorti de la douche Mulawa ?

LOUISE – Ajoutes-y le plaisir qu'elle a à nous mettre en posture ridicule

FAGE – Ça n'a pas été tout seul pour avoir une chambre ils ont beau construire des hôtels

LOUISE – C'est à se demander s'il y a un mot de vrai dans tout ça

FAGE – Londres est complet

LOUISE – Depuis le début

FAGE – Finalement j'ai pu avoir une chambre à un lit sans salle de bain

LOUISE – Cette rencontre dans la librairie ce bébé je me demande si ça n'est pas une invention de toutes pièces si elle n'a pas tout imaginé il faudrait la faire examiner.

FAGE – Ils disent que c'est un grand lit

LOUISE – Eh bien c'est tout ce qu'il nous faut mon chéri surtout s'ils admettent la petite le jour même à la clinique tu as nos billets ? Tu nous conduiras à l'aéroport ?

VINGT

WALLACE – Votre vie privée

LOUISE – On les jette ?

FAGE – On les brûle ?

WALLACE – Je veux être bien précis elle ne nous concerne pas

LOUISE – Si on les jette

WALLACE – Autrement que par l'incidence qu'elle peut avoir sur votre activité professionnelle

NATHALIE – Recherchons manager d'exceptionnelle dimension auquel nous offrons

FAGE – Non dans la poubelle quelqu'un les ramasserait

WALLACE – Si nous tenons à en avoir un aperçu si par exemple il nous importe de savoir que le candidat a une vie privée turbulente ou au contraire rangée

LOUISE – Mais les brûler ? Nous n'avons pas de cheminée

FAGE – Même dans une cheminée

NATHALIE – Cette annonce dans le Monde mon petit papa t'as pas répondu ? Tu devrais offrons recherchons petit patapon

WALLACE – Mais ça n'implique aucune exclusive a priori je ne disqualifie pas ledonjuan celui qu'on appelle vulgairement le baiseur

NATHALIE – C'est gai les petites annonces où les gens s'offrent on a tous envie de les cueillir

WALLACE – Ni l'impuissant ni du reste j'ai embauché le mois dernier un homosexuel

NATHALIE – Ce que je suis je vous l'offre venez que je vous croque

LOUISE – Tu pourrais prendre la voiture et les larguer dans un dépôt à ordures

WALLACE – Il s'agissait d'un poste de confiance mais son homosexualité déclarée entrait dans une structure dynamique dans laquelle les tensions s'équilibraient harmoniquement inversement je me méfie souvent de l'individu normal

FAGE – Aller à la campagne les enterrer

LOUISE – Il serait plus simple de les jeter dans la Seine

FAGE – C'est ça bonne idée dans la Seine

WALLACE – L'individu normal est souvent un refoulé dont les énergies s'épuisent dans des batailles toujours recommencées au niveau du subconscient

NATHALIE – Papa ces cent francs

LOUISE – Mais il y a toujours des gens qui regardent

NATHALIE – Je te les rendrai

WALLACE – Souvent chez lui se tapissent les angoisses les moins maîtrisables

NATHALIE – Il faut qu'on ait collecté mille cinq cents francs avant ce soir pour payer l'imprimeur

WALLACE – Le névrosé je ne parle pas du psychopathe

FAGE – Vous êtes un cadre supérieur n'ayant pas froid aux yeux vous avez soif de responsabilités plus amples vous avez les dents longues vous désirez vous insérer

WALLACE – Vous

NATHALIE – Tu m'allonges ces cent balles s'il te plaît papa ?

WALLACE – Vous vous considérez comme un homme normal ?

VINGT ET UN

WALLACE – Que faites-vous de vos soirées ?

LOUISE – J'aimerais tellement que tu tries tous ces vieux illustrés

WALLACE – Des amis vous en avez beaucoup ?

NATHALIE – Qu'est-ce que tu caches là ?

LOUISE – Chut c'est une surprise pour papa

FAGE – Il est rare que je ne ramène pas un dossier ou deux le soir à la maison ma femme aimerait bien qu'on passe plus souvent la soirée ensemble à la télévision

LOUISE – Une surprise pour toi

WALLACE – Vous rédigerez un rapport mensuel résultats de vente et financiers actions de la concurrence

LOUISE – Tu n'ouvres pas ?

FAGE *(il défait le paquet.)* – Tiens

WALLACE – Réactions et doléances des consommateurs

LOUISE – Elle te plaît ? Elle a appartenu au capitaine Bodington qui commandait un bâtiment de l'escadre de l'amiral Nelson elle n'a jamais été fumée depuis le naufrage où il a péri

FAGE – Qui ?

LOUISE – Eh bien le capitaine Bodington

FAGE – Ah

LOUISE – C'est le culot original

WALLACE – Rapports avec les chaînes hôtelières les sociétés de transport

FAGE – Je n'aime pas que tu te mêles de ces histoires Nathalie.

NATHALIE – Mais c'est vachement marrant papa il s'énerve Marcellin

FAGE – Tu ferais mieux

NATHALIE – Sa flicaille a ordre d'organiser des provocations alors on les voit qui glandent en civil aux abords du lycée

WALLACE – Conjoncture socio-économique y compris un commentaire sur le climat politique

LOUISE – Je l'ai achetée avec ma première paye mon chéri

WALLACE – Et vous voyez cette petite case ?

LOUISE – Elle date de la Révolution Française

FAGE – C'est un fait qu'on la tient bien en main

WALLACE – Dans cette petite case vous noterez tout ce qui ne va pas dans l'organisation tout ce qui fait obstacle au mouvement tout ce qui peut causer des délais paralyser la prise de décision

LOUISE – Mais où l'as-tu rangée ?

FAGE – Quoi ?

LOUISE – Ta collection

FAGE – Ah elle n'est plus ici

LOUISE – Ne me dis pas que tu l'as vendue ?

FAGE – Non non

LOUISE – Ah

NATHALIE – Papa est descendu dans la rue

WALLACE – C'est comme cela qu'au niveau d'une société on préserve sa jeunesse barrage à toute sclérose correction incessante du trajet

NATHALIE – Il s'est planté place Saint-Sulpice à l'entrée du cinéma Bonaparte il distribuait ses pipes aux gens qui entraient et qui sortaient

FAGE – J'aimerais revoir Madagascar

LOUISE – Mais tu n'y as jamais été mon chéri

FAGE – M'installer comme mécanicien

LOUISE – Mais tu n'as jamais été capable de réparer quoi que ce soit c'est toujours moi

FAGE – Oui toujours toi

NATHALIE – Il paraît que c'était à mourir de rire les gens n'osaient pas

LOUISE – Quoi ?

NATHALIE – Prendre tendre la main ils pensaient qu'il y avait un truc là-dessous un piège et puis il y a le commissariat à côté

FAGE – Chasser les escargots à Madagascar

NATHALIE – Il y en a un avec sa bobonne justement c'était un fumeur de pipe il est allé chercher un flic le flic a demandé à papa des explications il a dit à papa de circuler

FAGE – Nager au milieu des bancs de poissons

NATHALIE – Tu m'emmèneras ?

FAGE – Quand on a façonné une affaire de ses propres mains

NATHALIE – Je garderai les chèvres

VINGT-DEUX

WALLACE – Mais en dehors du travail et en dehors du ski et de votre intérêt pour votre foyer

FAGE – C'est vrai que dans les premiers temps j'avais de l'admiration pour monsieur Bergognan

NATHALIE – Cette annonce tu y as répondu ?

FAGE – Maman a trouvé ces deux paquets Nathalie dans ta chambre

NATHALIE – Qu'est-ce que maman fichait dans ma chambre ?

LOUISE – Parce qu'il refume ?

NATHALIE – Qu'est-ce que j'en sais ?

FAGE – Depuis quand est-ce que maman n'a pas le droit de rentrer dans ta chambre ?

LOUISE – Ces deux mégots de cigarettes mon chéri tu as rechuté ?

NATHALIE – Homme combatif de trente-deux à trente-huit ans ayant l'expérience confirmée de la commercialisation de produits de grande consommation

WALLACE – Vous achetez des livres ? Vous lisez ?

FAGE – Ta maman et moi nous te laissons tout faire il me semble

LOUISE – Mais ici c'est chez nous aussi

FAGE – Il n'est plus question que tu entreposes des tracts à la maison c'est clair ?

WALLACE – Au théâtre parfois ? Au stade ? La boxe le catch ?

LOUISE – Je veux que ça soit sorti d'ici aujourd'hui même

FAGE – Tu as entendu ce que maman t'a dit ?

NATHALIE – Pas de problème on doit justement les distribuer cet après-midi

LOUISE – Mon chéri c'est toi qui les as fumées ? Ce n'est quand même pas Nathalie

NATHALIE – Moi quand je fume je ne me cache pas comme papa

FAGE – On a besoin d'admirer quelqu'un je crois que c'est humain comme on a besoin d'être soi-même admiré cru suivi

LOUISE – Ce tissu de grossièretés lis lis pour faire éclater cette société

FAGE – Dans son travail dans sa famille on a besoin de suivre comme on a besoin d'être suivi

WALLACE – Oui c'est important cette chaîne il faut qu'elle tienne contre vents et marées

FAGE – Pour faire éclater cette société un seul
moyen contre la merde fétide qui nous gouverne
contre le fascisme mou qui étouffe la vraie vie contre
les cadences démentes dans les usines du capital
contre la moite obscénité de la consommation
gavante contre l'infect lavage de cerveaux dans les
écoles du régime contre le pullulement des larves
policières qui nous oppressent contre tout ce qui fait
obstacle à l'amour dans sa spontanéité totale contre
cette société qui essaie de récupérer les jeunes en les
embrassant avec toute l'affection d'un poulpe un
seul moyen camarades la déculotter et la faire chier
jusqu'à ce qu'elle éclate adhérez au comité d'action
directe des lycées parisiens

WALLACE – Plutôt économe ou dépensier ?

NATHALIE – Tu n'as pas acheté de flèche ?

FAGE – Qu'est-ce qu'elle t'a fait à toi cette
société ? Qui mérite d'être déculotté ?

LOUISE – Dis-moi que tu ne les as pas vendues

FAGE – Nathalie cette chose que tu as éprouvée
à Londres

WALLACE – Actuellement êtes-vous endetté ?

FAGE – Cet embrasement

LOUISE – Votre génération il me semble qu'elle
est la plus favorisée c'est drôle quand on a tout
pour être heureux

FAGE – Dis-moi comment c'était ?

WALLACE – Vous n'avez jamais eu d'ennuis de santé ?

LOUISE – Tu vas apprendre à tirer ?

FAGE – Mon père était

WALLACE – Comment l'avez-vous

VINGT-TROIS

FAGE – C'est une question piège.

WALLACE – Ne soyez pas si méfiant

FAGE – Disons que je me fixe un objectif et en avant je fonce mais ça ne veut pas dire que je ne suis pas excessivement prudent ce lancement je n'ai pas peur d'affirmer que ça a été croyez-moi à tous les points de vue toute l'équipe survoltée dix-huit heures par jour pendant trois mois pas un dimanche j'avais mis Petit Bateau dans ma ligne de mire frapper là où ils étaient vulnérables merchandising promotion stratégie de stimulation de la distribution amorcer la pompe dans les grandes surfaces le prix juste surprendre bousculer susciter la fidélité en provoquant le réachat la seule chose que je n'avais pas prévue c'est que ce faisant je creusais ma propre tombe

NATHALIE – Tu as eu tort avec ce gâteau

LOUISE – Ton papa c'est aujourd'hui son anniversaire

FAGE – Une faute de carres à cette vitesse ça ne pardonne pas eh bien j'ai eu un flottement mes skis se sont entrouverts vous savez que ça se joue en centièmes de seconde

NATHALIE – Que fais-tu ?

FAGE – Je cherche

NATHALIE – Quelle faute papa ?

FAGE – Le malheur c'est qu'il y a tellement de désordre dans tout ça

NATHALIE – Ta faute c'est de te crisper il faut te laisser aller

FAGE – Alors c'est encore plus difficile à chercher

NATHALIE – En physique on est en train de faire l'anti-matière c'est génial le prof s'embrouille vachement

FAGE – C'est bon de te voir

NATHALIE – Tu as bonne mine

LOUISE – Ça ne va pas ?

FAGE – Si c'est un passage

WALLACE – Bon votre femme

FAGE – Elle bouge encore

WALLACE – Alors qu'est-ce que vous faites ?

FAGE – J'attends un moment

WALLACE – C'est intéressant vous n'allez pas

FAGE – Pas avant de la découper

WALLACE – Ah parce que vous allez

FAGE – Au saloir

WALLACE – Comme dans les contes de fées

FAGE – Nathalie m'en a raconté un je ne m'en souviens plus bien qui est là ?

WALLACE – Monsieur Bergognan

FAGE – Faites-le patienter

WALLACE – Il a les mains liées derrière le dos il avance la tête rentrée dans les épaules

FAGE – Ah c'est vous

WALLACE – Comment est-ce qu'on fait ?

FAGE – Oùest tout lemonde ? Je veux dumondebeaucoup demonde

LOUISE – Ne te fatigue pas mon chéri

FAGE – À la lueur des torches

WALLACE – Où sont-elles ?

FAGE – Ils portent tous des torches il y a l'odeur des porcs égorgés

NATHALIE – Vous avez une capacité d'innovation

FAGE – Mettez-le nu

NATHALIE – Vous êtes un leader dans le sang

FAGE – Ligoté dans des barbelés

NATHALIE – Êtes-vous notre homme ?

FAGE – Je découpe

WALLACE – Encore

LOUISE – Avec ma première paye

FAGE – La bouche

NATHALIE – Cette ceinture je l'ai achetée

LOUISE – Tu sais pourtant bien

FAGE – Je la colle elle ne dit plus rien je découpe une joue et je la colle Bergognan Bergognan

WALLACE – Quoi ?

FAGE – Je ne vous ai pas dit ?

WALLACE – Non

FAGE – Est un homme joufflu il n'est plus joufflu que d'une joue et la clameur monte Bergognan

WALLACE – Sous la douche

FAGE – Sous la douche aussi tôt le matin jusqu'à ce que ma fille Nathalie

LOUISE – Je peux éteindre mon chéri ?

VINGT-QUATRE

LOUISE – Il faut que ce soit toi qui l'emmènes à Londres mon chéri avec moi ça ne marchera pas

NATHALIE – Tu n'as pas de mal papa ? Oh que j'ai eu peur je pensais te retrouver en petits morceaux

LOUISE – Vous avez bien vos deux passeports ? Tu n'oublies rien ?

NATHALIE – C'est un miracle

LOUISE – Je suis sûre que tout se passera bien allez au revoir

NATHALIE – Papa tarde

LOUISE – C'est bon signe

NATHALIE – J'ai faim

LOUISE – Il a son interview ce matin à la Générale des Fromages Réunis je touche du bois il est parti très confiant c'est important

NATHALIE – Il va passer des chemisettes et des caleçons au roquefort et à la crème de gruyère ?

LOUISE – Si ça réussit

NATHALIE – Tu sais maman j'ai la nausée

LOUISE – Il me semble quand même normal Nathalie que nous fassions sa connaissance

WALLACE – Et puis ?

FAGE – Et puis pourquoi n'en éprouverais-je pas une certaine fierté ?

WALLACE – Certes vous avez à votre actif des accomplissements qui ne sont pas négligeables mais plus fondamentalement cette satisfaction de vous-même

FAGE – Faut-il se mépriser ?

WALLACE – Je ne dis pas

FAGE – Ma confiance en moi-même si je ne croyais pas en moi j'ai peut-être fait des erreurs ils imaginaient que je me mettrais à plat ventre et qu'ils pourraient me piétiner

LOUISE – Alors qu'est-ce que nous allons faire ?

FAGE – Mais c'est très simple il n'est pas question qu'elle le garde enfin c'est un peu fort il n'y a pas qu'elle il y a nous aussi même dans son intérêt surtout dans son intérêt c'est à nous de la protéger cette gosse a beau être brillante sur le plan scolaire elle a un âge mental de cinq ans mais ça ne pose pas de problème tu l'emmènes à Londres où ça se règle en trois coups de cuiller à pot

LOUISE – Comment ça s'est passé mon chéri ? Tu devrais manger au moins un tout petit peu

WALLACE – Mais les deux autres collaborateurs de valeur que Bergognan avait avec lui depuis l'origine le financier

FAGE – Il a su faire sa cour aux Américains lui

WALLACE – Ah et l'autre

FAGE – Non mais tu sais qu'il a voulu voir ma carte d'identité ?

LOUISE – Ne ris pas comme ça mange

WALLACE – Le publicitaire comment est-ce que ça s'est passé pour lui ? Lui aussi dès qu'il a senti le vent tourner

FAGE – Une heure et demie à attendre dans
un petit cagibi sentant le camembert avant de
me faire recevoir par un rouquin sans visage il
sortait au milieu d'une phrase pour réapparaître
avec une nouvelle liasse de papiers en disant
continuez sans cesse il m'interrompait en disant
bon passons il annotait des rapports pendant que
j'essayais de le faire écouter une bonne femme
est entrée avec un chiffon dans la main j'ai pensé
que c'était la femme de ménage naturellement
elle ne s'est pas présentée

WALLACE – En somme ils ont pris le virage
tous les deux tandis que vous

FAGE – Elle m'a demandé si j'avais été plusieurs
fois renvoyé de mes emplois précédents je lui
ai demandé si elle avait pris la peine d'ouvrir
mon dossier elle a répondu qu'il ne fallait pas
forcément croire ce que les gens écrivent elle m'a
regardé avec un sourire et elle a ajouté ni ce que
les gens disent le rouquin lui s'intéressait à mes
capacités pour le dessin et si je m'y connaissais
en matière de cartonnages

WALLACE – J'essaie de comprendre en somme
il n'y a pas eu de grand coup de balai

LOUISE – Je t'ai fait du poulet tu aimes bien le
poulet

FAGE – Qu'est-ce qu'il fait pour vivre ton Mulawa ?

WALLACE – Vous êtes la seule victime du moins
en ce qui concerne les couches du sommet ?

FAGE – Ils se feront virer l'un comme l'autre
dans les six mois qui viennent moi j'ai préféré
respecter une certaine idée de moimême et m'en
aller tout de suite tout le monde n'a pas la même
exigence morale

WALLACE – Ou la même rigidité donc les
Américains n'ont pas balancé la direction en
place ils n'éliminaient un individu que lorsqu'ils
constataient qu'il s'agissait d'un poids mort en
quelque sorte

FAGE – Vous voulez dire

WALLACE – Je ne veux rien dire monsieur Fage
je pose des questions

VINGT-CINQ

NATHALIE – Quand nous étions reptiles et
avons quitté les étangs

FAGE – Repartir à neuf

WALLACE – Après avoir baigné si longtemps
dans le même jus

NATHALIE – Ça a été un événement

LOUISE – Ça n'est pas que c'est si intéressant
du point de vue travail mais tu sais ça me fait un
bien énorme mon chéri je ne suis plus la même

NATHALIE – Parce qu'il a bien fallu un jour que ça arrive

FAGE – Quoi ?

NATHALIE – Que nous fassions le pas

WALLACE – C'est cette béance qui nous concerne cette vacuité

NATHALIE – Notre prof de zoologie qu'on prenait au départ pour un vieux chnoque c'est un type assez génial sur les bords il s'identifie aux espèces dont il parle

WALLACE – Dans l'intuition de nos deux fondateurs au départ il y a l'éclatement des limites de la chose qu'on peut vendre

LOUISE – Je ne serais pas étonnée que le mois prochain ils me donnent déjà une petite promotion le directeur m'a prise à part hier soir dans son bureau

NATHALIE – Hier on faisait les brontosaures il se tenait comme ça

FAGE – Ah c'est tout à fait dans mes cordes

WALLACE – Ils sont là les germes du nouvel humanisme vous ne pouvez pas vous figurer le nombre de psychopathes que l'on voit défiler dans ce bureau c'est un phénomène lié à une paix qui a trop longtemps duré

FAGE – Franchement je pense que je pourrais faire l'affaire

LOUISE – Germaine lui a tout bien expliqué il est charmant on dirait un grand adolescent je n'ai pas le droit de te dire son nom

NATHALIE – C'est une robe ?

FAGE – On dirait une chemise de nuit

WALLACE – Les gens n'ont rien qui puisse les mobiliser alors il leur pousse des problèmes au derrière

LOUISE – Il n'a dit ni oui ni non d'abord il va l'examiner je lui ai dit que nous n'étions même pas sûrs qu'elle soit enceinte

WALLACE – Notre idée est d'apporter un substitut à la guerre pourquoi le loisir ne serait-il pas mobilisant ?

FAGE – J'ai une épouse qui me comprend

NATHALIE – Papa suis bien la courbe de la combe

FAGE – Ils m'ont laminé

LOUISE – On ne sait plus qui entre et qui sort
chez nous sa chambre est le lieu d'un va-et-vient
incessant hier soir j'ai poussé sa porte pour leur
dire de faire moins de boucan je me suis trouvée
au milieu d'un meeting chinois avec leurs
guitares électriques sais-tu ce que j'ai découvert
elle a fait reproduire la clé de l'appartement en
je ne sais combien d'exemplaires tu ne dis rien je
deviens folle ça ne peut plus durer

FAGE – Pour suivre une poussière il suffit qu'il y
ait un rayon de soleil qui la saisisse en biais dis-
moi Nathalie mais réponds quand je t'appelle

NATHALIE – Quoi ?

FAGE – Moi aussi je suis outré par l'injustice
fiscale le retard pris sur les autoroutes la difficulté
pour les fils d'ouvriers d'accéder aux études
supérieures et pour les petits commerçants de
survivre la destruction des Halles la laideur des
tours au centre de Paris le gaspillage des deniers
de l'État en matière atomique la livraison des
Mirages à la Lybie

NATHALIE – C'est tout ce que tu as à me dire
papa ?

FAGE – Non ce n'est pas tout

NATHALIE – Alors dis vite parce que je dois sortir

FAGE – Où vas-tu ?

NATHALIE – J'ai un meeting

FAGE – Reste il faut que nous parlions

NATHALIE – Mais de quoi ?

FAGE – Tu verras

NATHALIE – Je ne peux pas

FAGE – Tes tracts c'est d'un enfantillage atterrant et qui peut coûter cher

NATHALIE – Oui ça coûte cher à imprimer

VINGT-SIX

LOUISE – Mon chéri depuis ce matin tu n'as pas bougé

WALLACE – Les touristes américains sont de grands enfants

LOUISE – Fais quelque chose

FAGE – Je fais quelque chose je pense à la convocation des Eaux d'Évian que Nathalie ne m'a pas remise

WALLACE – Alors votre idée d'auto-gestion peut ne pas être la bonne

LOUISE – Nathalie toi tu devrais trouver une idée

WALLACE – Ce qu'ils veulent ? L'illusion qu'on leur lâche la main

FAGE – Parfaitement je dis qu'à Évian ça aurait marché

NATHALIE – Tu nous embêtes c'est facile à dire maintenant

FAGE – Je le sais j'en suis sûr

NATHALIE – Ma faute naturellement

FAGE – Tu t'en fous tu fais exprès ou même pas je ne compte pas dans ta vie

NATHALIE – Ne crie pas

WALLACE – Vous semblez mastiquer quelque chose

LOUISE – Souvent ce sont les petites choses qui comptent chéri

FAGE – Jamais je ne me suis senti autant en forme

WALLACE – Ouvrez la bouche

FAGE – En solde une occasion

WALLACE – Montrez vos dents

NATHALIE – Papa suis-moi

WALLACE – Mais desserrez les mâchoires

NATHALIE – On va contourner cet éboulis

WALLACE – Ouvrez grand

NATHALIE – Attention la neige est craquante on va couper par là entre les sapins

VINGT-SEPT

FAGE – Il me plaît ce capitaine

LOUISE – On va la mettre avec le reste de ta collection mais où les as-tu rangées ? Mon chéri tu me caches quelque chose

FAGE – J'ai décidé de ne plus rien cacher plus rien avoir dans un instant

LOUISE – Où sont-elles ?

FAGE – Je dois partir pour ce rendez-vous si important

NATHALIE – Il les a distribuées

FAGE – Puisqu'ils ont tellement l'air de me vouloir voilà des chaussures bien cirées l'imperméable

LOUISE – S'il t'a dit ça il a plaisanté

FAGE – Le col net la cravate bien au milieu

LOUISE – Mon chéri pourquoi ne me dis-tu pas la vérité ?

FAGE – Avec un noeud sans fente au milieu tu sais ce qu'il m'a dit le monsieur

LOUISE – Fais-toi voir

FAGE – Avec sa bobonne qui lui tenait bien le bras comme si elle avait peur que tout d'un coup tout d'un coup il s'est envolé alors j'ai dit mais si prenez-la et il a dit mais de quel droit ? Un régal j'ai répondu ben c'est mon droit et la bobonne est intervenue en disant on va voir ça c'était un régal

LOUISE – Tu les as vendues

WALLACE – Je n'ai peut-être pas bien compris

FAGE – C'est alors que les trois flics ont rappliqué

WALLACE – Il y a dans votre récit quelques petites contradictions sur lesquelles nous pourrions utilement revenir

FAGE – Suivis bientôt d'un quatrième elle était belle la place Saint-Sulpice grande l'église avait été lavée elle brillait de toutes ses pierres blanches sous le soleil ils avaient remis le monument au milieu lui aussi tout blanc flambant neuf j'ai dit aux flics que je payais une tournée

NATHALIE – Pas aux flics ?

FAGE – À tous les flics le commissariat aussi avait été lessivé allez que je lui ai dit

LOUISE – À qui ?

WALLACE – Vous ne vous souvenez pas m'avoir dit

FAGE – À l'un des flics allez on va prendre un canon montrez voir vos papiers on va boire un coup votre carte d'identité il a voulu voir ma carte d'identité alors comme ça vous êtes né le 14 juin 1927 à Madagascar ? Et ces pipes c'est à vous elles viennent d'où et puis c'est pour quoi faire que ? Vous n'allez pas me les confisquer ? Et pourquoi vous n'êtes pas au travail aujourd'hui ? Il a voulu voir mon dernier récépissé d'allocation chômage ils étaient tous les quatre très jolis mais ce qui m'a surpris ils sont terriblement théoriciens ils vous expliquent ils veulent tout de suite tous ensemble tout vous expliquer

WALLACE – Nous n'allons pas épiloguer mais vous avez bien vos objectifs personnels l'argent ?

FAGE – Je ne tiens pas tellement à l'argent

WALLACE – Le bonheur ?

FAGE – On court toujours après

WALLACE – Le pouvoir ?

FAGE – J'ai le goût du commandement mais je ne cherche pas le pouvoir pour le pouvoir

WALLACE – La considération ?

FAGE – Ah oui

WALLACE – Vous arrive-t-il d'avoir honte de vous-même ?

FAGE – Honte ?

WALLACE – Vous arrive-t-il de vous dégoûter de votre personne ? Quand vous avez été lâche avec un de vos collaborateurs ? Lâche avec votre femme ? Lâche avec votre fille ? Quand vous savez que vous avez trahi une certaine idée de vous-même ? Ça nous arrive à tous n'est-ce pas ? Quand vous étiez enfant aviez-vous déjà cette habitude de mastiquer ? Avez-vous du mal à vous contrôler ? Souhaitez-vous que j'ouvre un peu la fenêtre ? Êtesvous avec les femmes dans l'intimité acharné après la performance ? Manquez-vous de patience quelquefois ? De discernement ? Vous souciez-vous de leur plaisir ? Vous repliez-vous sur vous-même après le plaisir ? Dans quelles choses prenez-vous le plus plaisir ? Jusqu'où vous porte le désir ? Quel est votre plus fort désir ?

VINGT-HUIT

LOUISE – Je lui ai demandé comment cette interview s'est passée

FAGE – Juste derrière moi dans la queue un vieil ouvrier typographe

NATHALIE – Les chômeurs entre eux ils se racontent des histoires quelquefois ?

LOUISE – Il m'a regardée comme s'il ne comprenait pas ma question

WALLACE – Je voudrais que nous recensions vos insuffisances dans la mesure où vous estimez en avoir naturellement

FAGE – Quand ils ont ouvert les portes il y a eu un peu de bousculade il a été précipité contre moi il s'est excusé on a commencé à discuter

NATHALIE – Des histoires où un chômeur dit à un autre chômeur

WALLACE – Vous m'avez dit que vous êtes par nature un croyant

LOUISE – Nous étions déjà couchés

NATHALIE – Un chômeur rencontre un autre chômeur y dit pourquoi que tu regardes les autos passer ? L'aut'dit mais non la circulation est arrêtée

WALLACE – Encore faut-il que votre croyance n'altère pas votre jugement exemple

FAGE – Je vais les noter si ça peut être utile à Mulawa

LOUISE – Ce monsieur Garin comment était-il ? Je lui ai simplement demandé comment était ce monsieur Garin

NATHALIE – Quand il viendra dîner tu pourras les lui raconter

FAGE – Rien ne fera jamais de moi un cynique toutes mes grandes décisions je les ai prises en fonction d'un certain idéal

LOUISE – Je ne lui ai plus rien demandé

FAGE – Celle de quitter Bergognan

LOUISE – Il avait la tête enfouie dans l'oreiller

FAGE – Celle d'épouser Louise nos deux familles étaient contre j'ai passé outre

LOUISE – Tu es fâché ? Tu n'es pas content que je travaille ?

FAGE – De quoi vit-il ?

LOUISE – Tâte un peu le terrain Nathalie avec moi il ne parle plus

WALLACE – Mais savez-vous endiguer votre élan ?

NATHALIE – Il a une bourse de son gouvernement mais il a de très gros besoins

LOUISE – Est-ce qu'il y a un peu d'espoir ?

NATHALIE – Le hachisch lui rapporte

FAGE – Il est si dépensier ?

NATHALIE – Il achète tous les livres qui paraissent il a plusieurs femmes qui vivent avec lui en communauté dans son appartement

LOUISE – Oui ou non tu sais je ne te demande qu'un tout petit mot

FAGE – Il y a des petits mots qui vous engloutissent

WALLACE – Une décision n'est jamais parfaite

FAGE – Ça m'a l'air d'un sacré gaillard on ne va pas s'ennuyer à ce dîner

LOUISE – Il nous racontera des histoires drôles

FAGE – On en a bien besoin

LOUISE – Ce médecin ami de Germaine je ne peux pas te dire son nom mais c'est une chance c'est si difficile en France

NATHALIE – Il ne parle pas je vous l'ai dit

LOUISE – Tu sais que c'est affreux la façon dont ça se fait habituellement dans des conditions d'hygiène qui tiennent du cauchemar

FAGE – Mon ouvrier typographe me disait

LOUISE – Mais cette fois c'est moi qui m'en charge j'ai pris rendezvous avec la petite pour samedi

FAGE – C'est un militant syndicaliste il était délégué du personnel

NATHALIE – C'est une histoire drôle ?

WALLACE – C'est tout ?

FAGE – Il avait été à l'origine d'une grève il y a deux ans pour un problème de sécurité il m'a raconté la façon dont la direction a mis le temps qu'il fallait pour se débarrasser de lui ils ne l'ont pas mis à la porte non mais au bout de deux ans le sol sous lui s'est affaissé

VINGT-NEUF

WALLACE – Vous verrez c'est un monde passablement carnassier

LOUISE – La petite a été arrêtée

WALLACE – Vous aurez à affronter des géants

FAGE – Ça n'a pas l'air compliqué et pourtant

WALLACE – Toute la jungle des charters

NATHALIE – Je ne dirai pas

WALLACE – Vous apprendrez à acheter

FAGE – Le pied gauche ou le pied droit en avant ?

LOUISE – En flagrant délit

WALLACE – Vous tâterez

NATHALIE – Je ne sais plus

WALLACE – Vous découvrirez les points de moindre résistance où vous pourrez pénétrer

LOUISE – Cambriolage de la Maison du Caviar près des ChampsÉlysées

FAGE – Tension détente

LOUISE – Elle seule

WALLACE – Et les grandes corporations hôtelières elles-mêmes très ramifiées les compagnies aériennes en filigrane les banques

NATHALIE – Je vous ai tout dit

FAGE – La corde est lisse

WALLACE – Imbriquées entre elles d'une façon fluctuante

LOUISE – Un coup de téléphone de la police

WALLACE – Suez partout

LOUISE – Les autres ont réussi à s'échapper

FAGE – Le pouce ici l'index là entre le pouce et l'index

NATHALIE – Je n'ai rien à dire

WALLACE – Il y a eu de tels investissements c'est la fuite en avant il faut à tout prix remplir les hôtels vendre du siège vendre du lit

NATHALIE – Je ne savais pas leurs noms

LOUISE – Ils ont emmené le stock et la caisse

FAGE – Que faut-il faire ?

LOUISE – Que tu y ailles mon chéri

FAGE – Pas rasé ?

LOUISE – Ils ont dit tout de suite

NATHALIE – Oh vous pouvez

WALLACE – Vous garderez la tête froide les nerfs d'acier

NATHALIE – Faites si vous osez

LOUISE – Ce sera ce soir dans les journaux ça tombe bien quand doivent-ils prendre leur décision sur ta candidature ?

WALLACE – Avec ces groupes vous traiterez de puissance à puissance

NATHALIE – Vous pouvez cogner plus fort vous savez

FAGE – Il y a le Secours Rouge

WALLACE – Là où ils sont vulnérables vous frapperez

NATHALIE – Si vous voulez mais attention à mon ventre

LOUISE – Elle est légèrement blessée

FAGE – Où ?

LOUISE – À la tête

WALLACE – Ne rien laisser obscurcir de cette vision ardente

NATHALIE – J'aimerais pouvoir vous aider

WALLACE – De toute évidence vous avez la plupart des qualités

FAGE – Je connais bien mes défauts et je me sens parfaitement capable

NATHALIE – Je ne sais pas je ne me souviens pas

LOUISE – Hospitalisée à l'Hôtel-Dieu dans des locaux de la police sous garde à vue la famille n'est pas admise à visiter

FAGE – Je suis adaptable quand la foi vous habite

WALLACE – Vous soignez vos muscles vous avez un beau paquet de muscles

FAGE – La flèche part le doigt ne la sent même pas partir

TRENTE

WALLACE – Votre mari est un homme à la fois dynamique et organisé mais pas du tout je suis content de vous rencontrer

LOUISE – Oh oui je ne suis pas venue vous demander

WALLACE – Je puis vous dire que ses chances sont de l'ordre de cinquante pour cent ils sont deux qui restent mais que me vaut l'honneur ?

LOUISE – C'est donc une question de hasard maintenant ?

WALLACE – Hasard ?

NATHALIE – Vous ne pouvez plus rien

WALLACE – Je lui ai écrit hier soir voici le double de ma lettre vous êtes fatiguée ?

LOUISE – Ça va passer je vous prie de m'excuser

WALLACE – Monsieur Garçon avec qui il déjeunera mardi

NATHALIE – Je vous ai tout dit

LOUISE – C'est donc mardi prochain

WALLACE – Treize heures l'interview finale prend toujours la forme d'un déjeuner on est plus détendu oui que me vaut l'honneur

FAGE – Il n'en avait pas fini de regarder la mer et vous savez c'était le lieutenant favori de l'amiral Nelson il a coulé sans dire un mot

NATHALIE – Je ne le reconnais pas

WALLACE – Il parle de vous comment dirais-je ? On sent que pour lui quand il fend l'eau vous êtes là pour assurer la stabilité

NATHALIE – Je ne sais plus

FAGE – Il a bu une grande tasse et puis il a fermé les yeux Bodington est un artiste

LOUISE – C'était difficile alors j'ai pris un travail dans une affaire d'enquêtes de marché ça m'a transformée ils trouvent que j'ai un esprit rapide méthodique le premier du mois prochain ils me font passer inspecteur

WALLACE – Ce qui est séduisant chez lui c'est qu'on sent un engagement total

LOUISE – Mais nous avons un petit souci avec notre fille

FAGE – Cette Peugeot n'aurait pas dû déboîter

WALLACE – Je sais il y a eu ce petit accident de parcours

LOUISE – Un accident ?

WALLACE – Les jeunes d'aujourd'hui éprouvent le besoin d'un retour aux sources donc d'une certaine sauvagerie de comportement notamment sur le plan sexuel les parents ont peu de prise mais il suffira d'un week-end à Courchevel

LOUISE – Ah oui elle et lui à Courchevel mais elle est arrêtée et lui

WALLACE – Vous savez qu'il y a des arrestations par méprise mais si l'on a quelques relations

LOUISE – Quand il a quitté votre bureau hier quelle heure était-il ?

NATHALIE – Ne me posez plus de questions ce n'est pas la peine

LOUISE – Je ne l'ai pas revu depuis il ne porte jamais beaucoup d'argent sur lui

FAGE – C'est pour rire

NATHALIE – Oui mon ventre vous lui avez fait un peu mal

LOUISE – Il m'en voudra d'être venue vous déranger

FAGE – Qu'allons-nous dire à maman ?

NATHALIE – Touche là non là plus bas

FAGE – Jusqu'à ce qu'il dise son premier mot

LOUISE – Surtout un homme actif comme lui

WALLACE – Vous êtes né

LOUISE – Chéri

FAGE – Ce dossier mademoiselle vite je suis attendu en salle de conférence eh bien mon petit ça vient ?

WALLACE – C'est évident

LOUISE – Quelle heure est-il ?

NATHALIE – Papa ne me fais pas ça à moi

FAGE – À cette lettre vous répondrez que non point à la ligne notre société a déjà pris les contacts au niveau le plus élevé

LOUISE – Tu aurais dû me réveiller

WALLACE – Que faisaient vos parents ?

FAGE – Un risque ? Oui mais qui peut se calculer

NATHALIE – Papa si tu me fais ça

LOUISE – Je n'ai pas ciré tes souliers tu es parti tout crotté

NATHALIE – Papa réponds-moi

FAGE – L'opération pourrait rapporter un profit non négligeable

WALLACE – Dans notre société

LOUISE – J'entendais aussi donner un coup au pli de ton pantalon

WALLACE – Vous pesez pour une taille de

Septembre 1970 / octobre 1971.

Dimension	12 x 21 cm
Typographie	Famille Adobe Garamond Pro
Papier	Chamois Fine Dunas 85 g/m²	intérieur
	Triplex 250 g/m²	couverture
Nombre de pages	292
Tirage	2000 exemplaires
CTP, impression et reliure	**imprensaoficial**

CONSULAT GÉNÉRAL DE FRANCE – SÃO PAULO

Coordination et Direction éditoriale	**Marinilda Bertolete Boulay**
Traduction	**Jean-Claude Bernardet, Rubens Rewald e Heloisa Jahn**
Révision et traduction de textes	**Julie Cerise Gay**
	Marinilda Bertolete Boulay
	Alain Mouzat
Conception graphique	**Nelson Urssi**
Mise-en-page	**Estúdio Urssi**
Production	**TOTEM**

PRESSES OFFICIELLES DE L'ÉTAT DE SÃO PAULO

Coordination éditoriale	**Cecília Scharlach**
Assistance éditoriale	**Bia Lopes**
	Viviane Vilela

CONSULAT GÉNÉRAL DE FRANCE – SÃO PAULO

Consul — Jean-Marc Gravier
Attaché de Coopération
et Action Culturelle — Jean-Martin Tidori
Attaché Culturel — Philippe Ariagno

ALLIANCE FRANÇAISE

Directeur Président — José Carlos Grubisich
Directeur Vice-Président — Pierre Jean Dossa

Appui

imprensaoficial

PRESSES OFFICIELLES DE L'ÉTAT DE SÃO PAULO

Directeur Président
Directeur Industriel
Directeur Financier
Directrice de Gestion d'"Affaires

Hubert Alquéres
Teiji Tomioka
Clodoaldo Pelissioni
Lucia Maria Dal Medico

GOVERNO DO ESTADO DE SÃO PAULO GOUVERNEMENT DE L'ÉTAT DE SÃO PAULO

Gouverneur José Serra

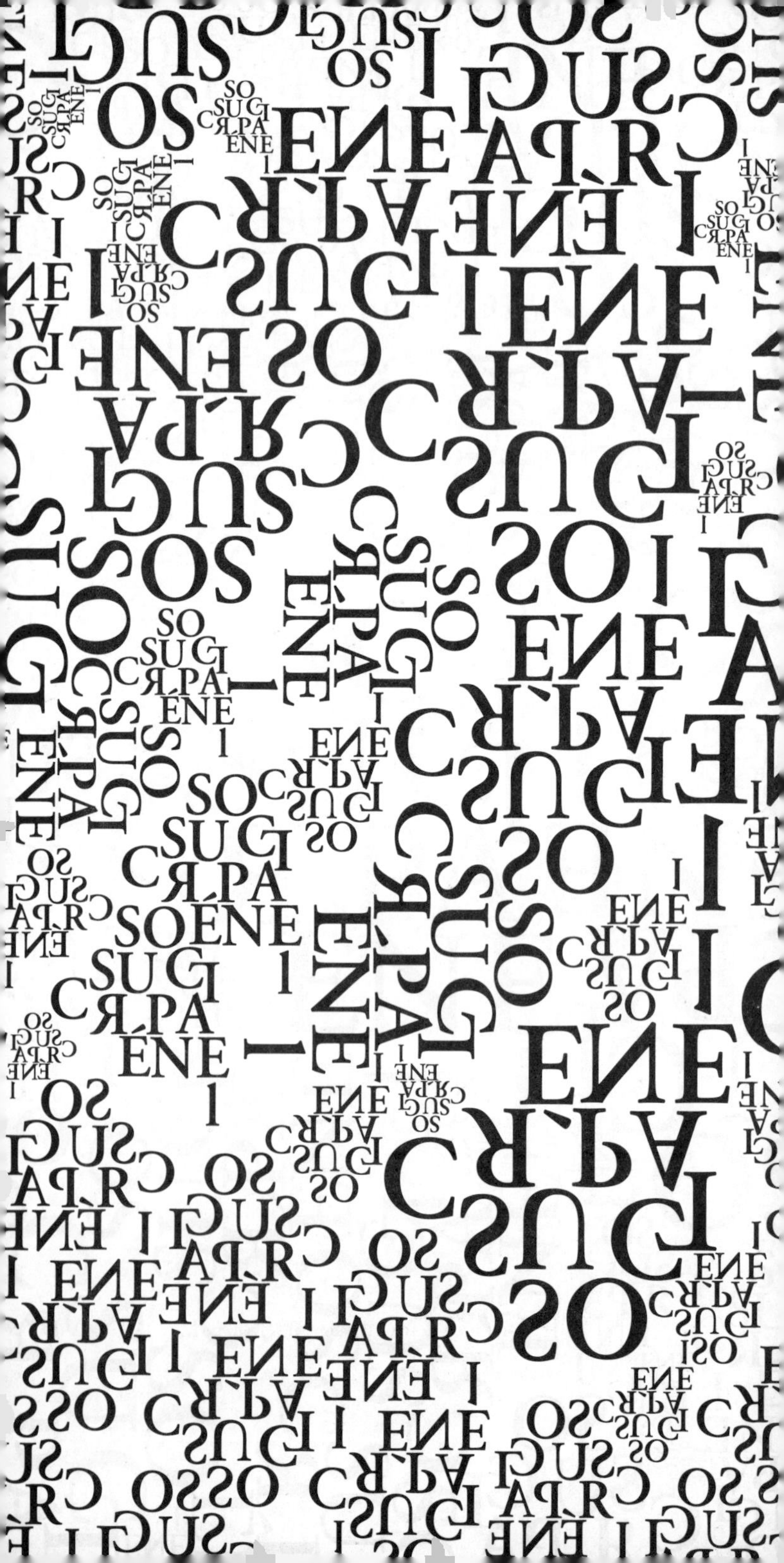
SO
SUGI
CRÌPA
ÉNE
I

**GOVERNO DO ESTADO
DE SÃO PAULO**

Governador   José Serra

imprensaoficial

Diretor-presidente
Hubert Alquéres
Diretor Industrial
Teiji Tomioka
Diretor Financeiro
Clodoaldo Pelissioni
Diretora de Gestão de Negócios
Lucia Maria Dal Medico

IMPRENSA OFICIAL DO ESTADO DE SÃO PAULO

CONSULADO GERAL DA FRANÇA EM SÃO PAULO

Cônsul
Jean-Marc Gravier

Adido de Cooperação
e Ação Cultural
Jean-Martin Tidori

Adido Cultural
Philippe Aragno

Aliance Française

ALIANÇA FRANCESA

Diretor-presidente
José Carlos Grubisich

Diretor Vice-presidente
Pierre Jean Dossa

Apoio

  Îledefrance

Maison Antoine Vitez — Centre International de la Traduction Théâtrale

flügißciié

Coordenação editorial e Direção editorial
Marinilda Bertolete Boulay
Tradução
Jean-Claude Bernardet, Rubens Rewald e Heloísa Jah...
Revisão e tradução de textos
Julie Cerise Gay
Marinilda Bertolete Boulay
Alain Mouzar
Projeto gráfico
Nelson Ursi
Diagramação
Estúdio Ursi
Produção
TOTEM

CONSULADO GERAL DA FRANÇA EM SÃO PAULO

Coordenação editorial
Cecília Schalach
Assistência editorial
Bia Lopes
Viviane Vilda

impresa oficial
IMPRENSA OFICIAL DO ESTADO DE SÃO PAULO

portanto de ur
volta às origens

Formato
12 x 21cm

Tipologia
Família Adobe Garamond Pro

Papel
Chamois Fine Dunas 85 g/m² | miolo
Triplex 250 g/m² | capa
292

Tiragem
2000 exemplares

Número de Páginas
292

CTP, impressão
e acabamento

Imprensa oficial

uma necessidade
certa selvageria

NATHALIE – Pai me responde

FAGE – A operação poderia dar um lucro nada desprezível

WALLACE – Na nossa empresa

LOUISE – Eu também queria dar uma passadinha no vinco da sua calça

WALLACE – O senhor pesa para uma altura de

Setembro 1970 / outubro 1971

FAGE – Até que ele diga sua primeira palavra

LOUISE – Ainda mais um homem ativo como ele

WALLACE – O senhor nasceu

LOUISE – Meu bem

FAGE – Essa pasta senhorita ande logo me esperam na sala de reunião então minha querida achou?

WALLACE – É evidente

LOUISE – Que horas são?

NATHALIE – Pai não faça isso comigo

FAGE – A esse ofício responda não ponto parágrafo nossa empresa já fez contato no mais alto nível

LOUISE – Você deveria ter me acordado

WALLACE – O que faziam seus pais?

FAGE – Um risco? Sim mas que pode ser calculado

NATHALIE – Se você fizer isso comigo pai

LOUISE – Não engraxei seus sapatos você saiu com eles sujos

WALLACE – Os jovens de hoje sentem uma necessidade de volta às origens portanto de uma certa selvageria no comportamento principalmente quanto ao sexo os pais não têm muito poder mas bastará um fim de semana em Courchevel

LOUISE – Ah sim ele e ela em Courchevel mas ela está presa e ele

WALLACE – A senhora sabe que eles podem prender por engano mas quando se tem boas relações

LOUISE – Quando ele deixou seu escritório ontem que horas eram?

NATHALIE – Não me faça mais perguntas não vale a pena

LOUISE – Não o vi mais desde então ele nunca anda com muito dinheiro

FAGE – É de brincadeira

NATHALIE – Sim minha barriga foi um pouco bruto com ela

LOUISE – Ele vai ficar com raiva por eu ter vindo incomodá-lo

FAGE – O que vamos dizer para mamãe?

NATHALIE – Toca aí não aí mais embaixo

FAGE – Ele não parava de olhar o mar sabe
era o tenente preferido do almirante Nelson ele
afundou sem dizer uma palavra

NATHALIE – Não sei quem é

WALLACE – Ele fala da senhora como vou
dizer? Percebe-se que quando ele zarpa a senhora
está presente para assegurar a estabilidade

NATHALIE – Não sei mais

FAGE – Ele engoliu muita água e depois fechou
os olhos Bodington é um artista

LOUISE – Estava difícil então arranjei um
emprego numa firma de pesquisa de mercado
isso me transformou eles acham que eu tenho
um espírito rápido metódico dia primeiro do
mês que vem vão me promover a fiscal

WALLACE – O que é sedutor nele é que se
percebe um envolvimento total

LOUISE – Mas temos um probleminha com
nossa filha

FAGE – Aquele Peugeot não deveria ter saído da
faixa dele

WALLACE – Eu sei houve esse pequeno
acidente de percurso

LOUISE – Um acidente?

TRINTA

WALLACE – O seu marido é um homem ao mesmo tempo dinâmico e organizado mas de forma alguma é um prazer recebê-la

LOUISE – Não vim para lhe pedir

WALLACE – Posso lhe dizer que as chances dele são da ordem de 50% só ficaram dois mas a que devo a honra?

LOUISE – Então agora é só uma questão de sorte?

WALLACE – Sorte?

NATHALIE – Não pode mais nada

WALLACE – Eu escrevi ontem para ele eis a cópia da carta mas a senhora está se sentindo cansada?

LOUISE – Já vai passar me desculpe

WALLACE – O senhor Garçon com quem ele vai almoçar terça-feira

NATHALIE – Já falei tudo

LOUISE – Portanto será na próxima terça

WALLACE – Às 13 horas a entrevista final ocorre sempre num almoço fica-se mais à vontade sim a que devo a honra

LOUISE – Está levemente ferida

FAGE – Onde?

LOUISE – Na cabeça

WALLACE – Não deixar esmorecer essa dinâmica vibrante

NATHALIE – Gostaria de poder ajudá-lo

WALLACE – É evidente que o senhor tem a maioria das qualidades

FAGE – Conheço bem os meus defeitos e me sinto perfeitamente capaz

NATHALIE – Não sei não lembro

LOUISE – Hospitalizada no Hotel-Dieu nas dependências da polícia com escolta visitas da família não são autorizadas

FAGE – Eu sou maleável quando a fé nos inspira

WALLACE – O senhor cuida da sua musculatura tem uma boa massa muscular

FAGE – A flecha parte o dedo nem a sente partir

NATHALIE – Eu não sabia os nomes deles

LOUISE – Eles levaram o estoque e o dinheiro da caixa

FAGE – O que devemos fazer?

LOUISE – Você tem que ir meu bem

FAGE – Sem fazer a barba?

LOUISE – Eles disseram imediatamente

NATHALIE – Ah faça isso

WALLACE – Ficará de cabeça fria os nervos de aço

NATHALIE – Faça se tiver coragem

LOUISE – Vai estar nas manchetes hoje à noite vem a calhar quando é que vão tomar uma decisão sobre seu emprego?

WALLACE – Com esses grandes grupos o senhor negociará de igual para igual

NATHALIE – Pode bater mais forte se quiser

FAGE – Tem a Solidariedade Vermelha

WALLACE – No ponto em que forem vulneráveis o senhor vai atirar

NATHALIE – Se quiser mas cuidado com a minha barriga

WALLACE – Descobrirá os pontos de menor
resistência por onde poderá se infiltrar

LOUISE – Assalto à Casa do Caviar nos
Champs-Elysées

FAGE – Tensionar soltar

LOUISE – Só ela

WALLACE – E as grandes corporações de
hotéis elas mesmas intimamente interligadas as
companhias aéreas em filigrana os bancos

NATHALIE – Já lhe falei tudo

FAGE – A corda é escorregadia

WALLACE – Intrincadas umas nas outras de
forma movediça

LOUISE – Um telefonema da polícia

WALLACE – Suar por todos os poros

LOUISE – Os outros conseguiram escapar

FAGE – O polegar aqui o indicador aí entre o
polegar e o indicador

NATHALIE – Não tenho nada pra dizer

WALLACE – Houve investimentos tão vultosos é
uma espiral desenfreada custe o que custar tem que
encher os hotéis vender assentos vender camas

WALLACE – Só isso?

FAGE – Ele tinha fomentado uma greve há dois anos por um problema de segurança no trabalho ele me contou como a empresa levou todo o tempo que precisava para se livrar dele eles não o despediram mas depois de dois anos puxaram o tapete dele

VINTE-E-NOVE

WALLACE – O senhor verá é um mundo por demais carniceiro

LOUISE – A menina foi presa

WALLACE – Terá de enfrentar gigantes

FAGE – Não parece complicado no entanto

WALLACE – Toda a selva dos *charters*

NATHALIE – Não vou dizer

WALLACE – Vai aprender a comprar

FAGE – Pé direito ou pé esquerdo primeiro

LOUISE – Em flagrante delito

WALLACE – Se esforçará

NATHALIE – Não sei mais

LOUISE – Sim ou não você sabe não tou
pedindo nada mais do que uma palavrinha

FAGE – Há palavrinhas que sufocam

WALLACE – Uma decisão nunca é perfeita

FAGE – Parece ser uma figura e tanto não vamos
nos entediar nesse jantar

LOUISE – Ele vai nos contar piadas

FAGE – É disso que estamos precisando

LOUISE – Esse médico amigo da Germaine
não posso te dizer o nome dele é uma sorte é tão
difícil na França

NATHALIE – Ele não fala já disse pra vocês

LOUISE – Você sabe como é horrível o jeito que
isso é feito em geral em condições de higiene que
são um pesadelo

FAGE – Meu operário tipógrafo me dizia

LOUISE – Mas desta vez sou eu que vou cuidar
disso marquei consulta para sábado com a
menina

FAGE – É um militante sindicalista era delegado
de fábrica

NATHALIE – É uma piada?

LOUISE – Não lhe perguntei mais nada

FAGE – A de deixar o Bergognan

LOUISE – Ele tava com a cabeça enfiada no travesseiro

FAGE – A de casar com Louise nossas duas famílias não queriam não levei em conta

LOUISE – Você tá zangado? Cê não gosta que eu trabalhe?

FAGE – Do que ele vive?

LOUISE – Sonde um pouco a situação Nathalie comigo ele não fala mais

WALLACE – Mas o senhor sabe conter o seu impulso?

NATHALIE – Ele tem uma bolsa de estudos do país dele mas ele tem muitos gastos

LOUISE – Será que tem alguma esperança?

NATHALIE – A maconha lhe rende algum dinheiro

FAGE – Ele é de gastar muito?

NATHALIE – Ele compra todos os livros que saem ele tem várias mulheres que vivem em comunidade com ele no apartamento dele

FAGE – Quando eles abriram as portas houve um pequeno empurra-empura ele foi jogado sobre mim ele se desculpou começamos a conversar

NATHALIE – Piadas em que um desempregado diz a outro desempregado

WALLACE – O senhor me disse que era religioso por natureza

LOUISE – Já estávamos deitados

NATHALIE – Um desempregado encontra outro desempregado e diz por que tu olha os carro passar? O outro diz mas não o trânsito tá parado

WALLACE – Desde que sua crença não altere seu juízo por exemplo

FAGE – Vou anotá-las caso seja útil para Mulawa

LOUISE – Esse senhor Garin como ele é? Eu simplesmente perguntei pra ele como era esse senhor Garin

NATHALIE – Quando ele vier jantar você poderá contar pra ele

FAGE – Nada fará de mim um cínico todas as minhas grandes decisões sempre foram tomadas em função de um ideal

FAGE – Vergonha?

WALLACE – Já aconteceu de sentir nojo da sua própria pessoa? Quando o senhor foi covarde com um dos seus colaboradores? Covarde com sua mulher? Covarde com sua filha? Quando sabe que traiu um certo ideal de si mesmo? Isso acontece com todo mundo não é? Quando era criança já tinha esse costume de mastigar? Tem dificuldade para se controlar? Quer que eu abra um pouco a janela? Quando está com mulheres na intimidade o que mais lhe importa é a performance? Perde a paciência de vez em quando? O discernimento? Se preocupa com o prazer delas? Se retrai sobre si mesmo depois do prazer? Que coisas lhe dão mais prazer? Até onde o desejo o leva? Qual é seu desejo mais intenso?

VINTE-E-OITO

LOUISE – Eu perguntei pra ele como tinha sido a entrevista

FAGE – Logo atrás de mim na fila um velho operário tipógrafo

NATHALIE – Os desempregados ficam contando piadas às vezes quando estão juntos?

LOUISE – Ele me olhou como se não entendesse a pergunta

WALLACE – Gostaria que fizéssemos o levantamento de suas limitações se o senhor considerar que tem alguma é claro

FAGE – Para um dos tiras vamos vamos tomar
esse chope seus documentos por favor vamos
tomar um chope RG ele quis ver meu RG ah quer
dizer que o senhor nasceu no dia 14 de junho de
1927 em Madagascar? E os cachimbos são seus
de onde eles vêm e por que é que? Não acredito
o senhor vai confiscá-los? E por que o senhor não
está trabalhando hoje? Ele quis ver meu último
recibo de salário-desemprego eram os quatro bem
bonitinhos mas o que me surpreendeu é que eles
são terrivelmente teóricos eles explicam eles logo
querem todos juntos explicar tudo pra gente

WALLACE – Não vamos elucubrar mas não
é possível que o senhor não tenha objetivos
pessoais o dinheiro?

FAGE – Não faço muita questão de dinheiro

WALLACE – A felicidade?

FAGE – É sempre ela que buscamos

WALLACE – O poder?

FAGE – Eu gosto de mandar mas não quero o
poder pelo poder

WALLACE – A consideração?

FAGE – Ah isso sim

WALLACE – Já lhe aconteceu de sentir
vergonha de si mesmo?

FAGE – Com a patroa que segurava o braço dele bem firme como se receasse que de repente de repente ele levantasse vôo então eu falei mas por favor pegue e ele me disse com que direito? Um agrado respondi pois é meu direito e a patroa interveio dizendo vamos ver era um agrado

LOUISE – Você vendeu

WALLACE – Talvez eu não tenha entendido bem

FAGE – Foi quando os três tiras apareceram

WALLACE – Há no seu relato algumas pequenas contradições às quais seria útil voltar

FAGE – E logo surgiu mais um tava bonita a praça Saint Sulpice grande a igreja tinha sido lavada brilhante com suas pedras brancas ao sol eles tinham recolocado o monumento no meio ele também todo branco novinho em folha falei aos tiras que pagava um chope pra eles

NATHALIE – Não pros tiras?

FAGE – Para todos os tiras a delegacia também tinha sido lavada vamos eu falei pra ele

LOUISE – Ele quem?

WALLACE – O senhor não se lembra de ter me dito

VINTE-E-SETE

FAGE – Ele me agrada esse capitão

LOUISE – Vamos acrescentá-lo à coleção mas onde você os guardou? Meu bem você está me escondendo alguma coisa

FAGE – Decidi não esconder mais nada não ter mais nada daqui a pouco

LOUISE – Onde eles estão?

FAGE – Vou ter que sair para esse encontro tão importante

NATHALIE – Ele os distribuiu

FAGE – Já que eles parecem me querer tanto aqui estão os sapatos bem engraxados a capa de chuva

LOUISE – Se ele te falou isso é que tava brincando

FAGE – O colarinho bem passado a gravata bem ajustada

LOUISE – Meu bem por que você não me diz a verdade?

FAGE – Com um nó bem no meio você sabe o que ele me disse aquele senhor

LOUISE – Deixa eu ver

FAGE – Eu sei tenho certeza

NATHALIE – Culpa minha de quem mais?

FAGE – Você nem liga você faz de propósito ou nem isso simplesmente eu não existo pra você

NATHALIE – Não grite

WALLACE – O senhor parece estar mastigando alguma coisa

LOUISE – Muitas vezes são as pequenas coisas que importam meu bem

FAGE – Nunca me senti tão em forma

WALLACE – Abra a boca

FAGE – Uma liquidação uma oferta

WALLACE – Mostre os dentes

NATHALIE – Pai me siga

WALLACE – Mas relaxe os maxilares

NATHALIE – Vamos contornar esse desmoronamento

WALLACE – Abra bem

NATHALIE – Cuidado a neve pode ceder vamos pegar aquele atalho entre os pinheiros

NATHALIE – Não posso

FAGE – Os teus panfletos é uma criancice aterradora e que pode custar bem caro

NATHALIE – Realmente imprimir custa caro

VINTE-E-SEIS

LOUISE – Meu bem desde hoje de manhã que você não se mexe

WALLACE – Os turistas americanos não passam de crianças grandes

LOUISE – Faça alguma coisa

FAGE – Estou fazendo estou pensando na convocação das Águas Évian que Nathalie não me entregou

WALLACE – Então a sua idéia da autogestão pode não ser a idéia

LOUISE – Nathalie bem que você podia ter alguma idéia

WALLACE – O que eles querem? A ilusão de que estão andando sozinhos

FAGE – É isso mesmo eu digo que nas Águas Évian teria dado certo

NATHALIE – Não enche agora é fácil falar

FAGE – Para seguir um grão de poeira basta que haja um raio de sol que o ilumine enviesado me diga Nathalie cê não pode responder quando eu te chamo?

NATHALIE – Que foi?

FAGE – Mas eu também fico escandalizado com a injustiça fiscal a lentidão nas rodovias a dificuldade que têm os filhos de operários para entrar na universidade e os pequenos comerciantes para conseguir sobreviver a destruição dos Halles a feiúra dos arranha-céus no centro de Paris o desperdício das finanças públicas em armas atômicas a venda dos Mirages à Líbia

NATHALIE – É só isso que cê tem pra me dizer pai?

FAGE – Não tem mais

NATHALIE – Então diga logo porque eu tenho que sair

FAGE – Onde você vai?

NATHALIE – Eu tenho um comício

FAGE – Fica aqui temos que conversar

NATHALIE – Mas sobre o quê?

FAGE – Você vai ver

LOUISE – A Germaine explicou tudo a ele ele é
adorável parece um rapagão não estou autorizada
a te dizer o nome dele

NATHALIE – É um vestido?

FAGE – Parece uma camisola

WALLACE – As pessoas não se entusiasmam
com nada acabam criando minhocas na cabeça

LOUISE – Ele não disse nem sim nem não
primeiro ele vai examiná-la eu falei que nós nem
sabemos com certeza se ela está grávida

WALLACE – Nossa idéia é propor uma
alternativa à guerra por que o lazer não poderia
entusiasmar as pessoas?

FAGE – Tenho uma esposa que me entende

NATHALIE – Pai siga bem a curva do vale

FAGE – Eles me esmagaram

LOUISE – Não sabemos mais quem entra e
quem sai de casa no quarto dela é um vaivém
sem fim ontem à noite abri um pouco a porta
dela para pedir que fizessem menos barulho
tavam fazendo um comício chinês com guitarras
cê sabe o que eu descobri ela mandou fazer não
sei quantas cópias da chave do apartamento cê
não fala nada tou ficando louca isso não pode
continuar assim

FAGE – O quê?

NATHALIE – Que a gente desse esse passo

WALLACE – É essa ociosidade que nos diz respeito esse vazio

NATHALIE – O nosso professor de zoologia que no início a gente considerava um banana é um cara bem genial a seu modo ele se identifica com as espécies de que fala

WALLACE – Quando tudo começou nossos dois fundadores intuíram que era possível explodir os limites da coisa que se pode vender

LOUISE – Eu não ficaria surpresa se no mês que vem eles já me dessem uma pequena promoção o diretor me chamou ontem para uma conversa particular

NATHALIE – Ontem a gente estava estudando os brontossauros ele ficava assim

FAGE – Ah isso está no meu sangue

WALLACE – Aí estão os germes do novo humanismo o senhor não imagina a quantidade de psicopatas que vemos desfilar neste escritório é um fenômeno relacionado com uma paz que já dura demais

FAGE – Sinceramente acho que eu daria certo nesse cargo

FAGE – Eles vão botá-los para fora nos
próximos seis meses eu preferi respeitar a idéia
que faço de mim mesmo e me mandar logo nem
todo mundo tem esse rigor moral

WALLACE – Ou a mesma rigidez portanto
os americanos não destituíram a diretoria só
eliminavam alguém quando constatavam que se
tratava de um peso morto de certa forma

FAGE – O senhor quer dizer

WALLACE – Não quero dizer nada senhor Fage
eu faço perguntas

VINTE-E-CINCO

NATHALIE – Quando éramos répteis e
abandonamos os pântanos

FAGE – Recomeçar do zero

WALLACE – Depois de ter permanecido tanto
tempo no mesmo molho

NATHALIE – Foi um marco

LOUISE – Não é que seja tão interessante do
ponto de vista do trabalho em si mas se você
soubesse isso me faz um bem enorme querido
não sou mais a mesma

NATHALIE – Porque um dia isso tinha que
acontecer

FAGE – Uma hora e meia esperando numa espécie de depósito que cheirava a camembert até que um ruivo com cara de nada veio me atender ele saía no meio de uma frase para reaparecer com um novo monte de papel dizendo pode continuar ele me interrompia sem parar dizendo tá bom ele corrigia relatórios enquanto eu tentava fazer com que prestasse atenção em mim uma mulher entrou com um pano na mão achei que era a faxineira claro que ela nem se apresentou

WALLACE – Resumindo os dois souberam dar a virada enquanto o senhor

FAGE – Ela me perguntou se eu tinha sido despedido várias vezes de empregos anteriores eu lhe perguntei se ela tinha tido o cuidado de consultar minha ficha ela me respondeu que não se devia acreditar em tudo o que as pessoas escrevem ela olhou pra mim sorrindo e acrescentou nem no que dizem o ruivo ele queria saber da minha competência como desenhista e quais eram meus conhecimentos em matéria de embalagem

WALLACE – Estou tentando entender no fundo não houve nenhuma grande limpeza

LOUISE – Fiz frango pra você você gosta de frango

FAGE – O que ele faz para viver o teu Mulawa?

WALLACE – O senhor foi a única vítima pelo menos no topo da pirâmide

FAGE – Minha confiança em mim mesmo se eu
não confiasse em mim posso ter cometido erros
eles imaginavam que eu lhes serviria de capacho
e que poderiam me espezinhar

LOUISE – Então o que vamos fazer?

FAGE – Mas é muito simples nem pensar que
ela o tenha afinal de contas isto é demais ela
não está sozinha nós também estamos aqui
no interesse dela principalmente no interesse
dela é nosso dever protegê-la essa criança pode
ser brilhante nos estudos ela está com uma
idade mental de cinco anos mas isso não é
um problema você a leva a Londres onde eles
resolvem isso num vapt vupt

LOUISE – E como foi meu bem? Você deveria
comer pelo menos um pouquinho

WALLACE – Mas esses dois outros
colaboradores de valor que acompanhavam o
Bergognan desde o início o economista

FAGE – Esse aí soube puxar o saco dos americanos

WALLACE – Certo e o outro

FAGE – Não mas imagine você que ele pediu
para ver o meu RG?

LOUISE – Não fica rindo assim come

WALLACE – E o publicitário o que aconteceu
com ele? Ele também sentiu o vento mudar?

NATHALIE – O papai está demorando

LOUISE – Bom sinal

NATHALIE – Estou com fome

LOUISE – A entrevista era hoje de manhã na Companhia Geral dos Queijos Reunidos vou bater na madeira ele saiu com muita esperança é importante

NATHALIE – Ele vai passar das camisetas e cuecas para o roquefort e o creme de gruyère

LOUISE – Se der certo

NATHALIE – Sabe mãe estou com ânsia de vômito

LOUISE – Apesar de tudo me parece normal Nathalie que ele nos seja apresentado

WALLACE – E depois?

FAGE – E depois por que eu não me sentiria um pouco orgulhoso disso?

WALLACE – Sem dúvida o senhor tem no seu ativo sucessos nada desprezíveis porém o que mais importa é essa satisfação consigo mesmo

FAGE – A gente deve se desprezar?

WALLACE – Não estou dizendo

WALLACE – O quê?

FAGE – Eu não lhe disse?

WALLACE – Não

FAGE – É um homem bochechudo agora só é bochechudo de um lado e o calor está subindo Bergognan

WALLACE – Debaixo do chuveiro

FAGE – Debaixo do chuveiro bem cedo de manhã até que a minha filha Nathalie

LOUISE – Posso apagar meu bem?

VINTE-E-QUATRO

LOUISE – É você que tem que levá-la a Londres meu bem comigo não vai dar certo

NATHALIE – Você não sente dores pai? Ai como fiquei assustada achei que ia te encontrar em pedacinhos

LOUISE – Vocês estão levando os dois passaportes? Não está esquecendo nada?

NATHALIE – É um milagre

LOUISE – Tenho certeza de que tudo vai dar muito certo tchau

FAGE – No clarão das tochas

WALLACE – Onde elas estão?

FAGE – Todos eles carregam tochas o cheiro dos porcos degolados

NATHALIE – O senhor tem uma capacidade de inovação

FAGE – Tire a roupa dele

NATHALIE – O senhor é um líder nato

FAGE – Amarre-o com arame farpado

NATHALIE – O senhor tem certeza de que é o nosso homem?

FAGE – Eu trincho

WALLACE – Ainda

LOUISE – Com o meu primeiro salário

FAGE – A boca

NATHALIE – Este cinto eu comprei

LOUISE – Mas você sabe muito bem

FAGE – Eu a colo ela não diz mais nada trincho uma bochecha e eu a colo Bergognan Bergognan

FAGE – Ela ainda se mexe

WALLACE – Então o que o senhor faz?

FAGE – Espero um pouco

WALLACE – Interessante o senhor não vai

FAGE – Não antes de trinchá-la

WALLACE – Ah porque o senhor vai

FAGE – Salgá-la

WALLACE – Como nos contos de fadas

FAGE – Nathalie me contou um não me lembro
bem como era quem está aqui?

WALLACE – O senhor Bergognan

FAGE – Peça para ele esperar um pouco

WALLACE – Ele está com as mãos amarradas nas
costas ele anda com a cabeça enfiada nos ombros

FAGE – Ah é o senhor

WALLACE – Como é que se faz?

FAGE – Onde está todo mundo? Eu quero gente
muita gente

LOUISE – Não se canse meu bem

108   **A procura de emprego** de Michel Vinaver

LOUISE – Teu pai é hoje o aniversário dele

FAGE – Uma manobra errada nessa velocidade não tem perdão pois bem tive uma hesitação meus esquis se abriram um nada o senhor sabe que tudo se dá num centésimo de segundo

NATHALIE – O que cê tá fazendo?

FAGE – Eu procuro

NATHALIE – Que erro pai?

FAGE – O problema é que há tanta desordem nisso tudo

NATHALIE – Teu erro é ficar tenso é só relaxar

FAGE – Assim fica ainda mais difícil procurar

NATHALIE – Em física eles estão criando a antimatéria é o máximo o professor se confunde todo

FAGE – É bom te ver

NATHALIE – Você tá com uma cara boa

LOUISE – Você tá se sentindo bem?

FAGE – Se for um caminho

WALLACE – Então sua mulher

FAGE – Me diga como era?

WALLACE – O senhor nunca teve problemas
de saúde?

LOUISE – Você vai aprender a atirar?

FAGE – Meu pai era

WALLACE – Como o senhor teve

VINTE-E-TRÊS

FAGE – Essa pergunta é traiçoeira

WALLACE – Não seja tão desconfiado

FAGE – Digamos que eu escolha um objetivo
vou em frente mas isso não quer dizer que
eu não seja excessivamente prudente esse
lançamento não tenho medo de afirmar que
foi pode acreditar de todos os pontos de vista
a equipe toda galvanizada 18 horas por dia
durante três meses nem um domingo o meu alvo
era a Petit Bateau atirar no ponto onde eles eram
vulneráveis merchandising promoções estratégia
para estimular a distribuição deslanchar a venda
nos supermercados o preço justo surpreender
estimular a fidelidade passar por cima de tudo a
única coisa que eu não previ era que ao fazer isso
eu estava cavando minha própria sepultura

NATHALIE – Foi um erro esse seu bolo

FAGE – Para fazer explodir esta sociedade só há um jeito contra a merda fétida que nos governa contra o fascismo apático que abafa a verdadeira vida contra os ritmos alucinantes nas fábricas do capital contra a complacente obscenidade do consumo que nos empanturra contra a infecta lavagem cerebral nas escolas do regime contra a proliferação das larvas policiais que nos oprimem contra tudo o que se opõe ao amor na sua espontaneidade total contra esta sociedade que tenta cooptar os jovens abraçando-os com o afeto de um polvo só há um jeito camaradas baixar suas calças e obrigá-la a cagar até que ela exploda inscreva-se no comitê de ação direta das escolas parisienses

WALLACE – Maior tendência para poupar ou para gastar?

NATHALIE – Você não comprou flechas?

FAGE – O que foi que ela te fez esta sociedade? De quem se deve baixar as calças?

LOUISE – Não me diga que você os vendeu

FAGE – Nathalie isso que você sentiu em Londres

WALLACE – Hoje o senhor está endividado?

FAGE – Aquele arrebatamento

LOUISE – A tua geração me parece que ela é a mais favorecida engraçado quando se tem tudo para ser feliz

LOUISE – Aqui também é a nossa casa

FAGE – Não quero mais saber de você guardar
panfletos em casa tá claro?

WALLACE – Ao teatro talvez? Ao estádio? O
boxe a luta livre?

LOUISE – Quero que tudo isto saia daqui hoje
mesmo

FAGE – Você ouviu o que a mamãe falou?

NATHALIE – Não tem problema hoje à tarde
mesmo a gente já vai distribuir todos eles

LOUISE – Meu bem foi você que fumou isso?
Não vai me dizer que foi a Nathalie

NATHALIE – Eu quando fumo não me
escondo como o papai

FAGE – Precisamos admirar alguém acredito
que é humano como nós mesmos precisamos ser
admirados respeitados seguidos

LOUISE – Esse monte de grosserias leia leia para
fazer explodir esta sociedade

FAGE – No trabalho na família a gente precisa
seguir como precisa ser seguido

WALLACE – Sim é importante esta cadeia ela
tem que resistir a tempestades e vendavais

VINTE-E-DOIS

WALLACE – Mas além do trabalho e além do esqui e de seu interesse pela família

FAGE – É verdade que no início eu admirava o senhor Bergognan

NATHALIE – Este classificado você respondeu?

FAGE – Mamãe encontrou estes dois pacotes no teu quarto Nathalie

NATHALIE – O que é que a mamãe foi fuçar no meu quarto?

LOUISE – Porque ele voltou a fumar?

NATHALIE – E eu sei?

FAGE – Desde quando a mamãe não tem o direito de entrar no teu quarto?

LOUISE – Essas duas baganas meu bem você teve uma recaída?

NATHALIE – Homem combativo entre 32 e 38 anos com experiência comprovada em venda de produtos de grande consumo

WALLACE – O senhor compra livros? O senhor lê?

FAGE – Tua mãe e eu te deixamos fazer o que você quer me parece

FAGE – Sim sempre você

NATHALIE – Parece que era de morrer de rir as pessoas não ousavam

LOUISE – O quê?

NATHALIE – Pegar estender a mão elas pensavam que era um truque uma armadilha além disso a delegacia ficava ao lado

FAGE – Caçar caracóis em Madagascar

NATHALIE – Tinha um com a patroa era justamente um cara que fumava cachimbo ele foi chamar um tira o tira pediu explicações pro papai disse pro papai cair fora

FAGE – Nadar no meio dos cardumes

NATHALIE – Você vai me levar?

FAGE – Quando se moldou uma empresa com as próprias mãos

NATHALIE – Vou tomar conta das cabras

LOUISE – Mas onde você guardou?

FAGE – O quê?

LOUISE – A tua coleção

FAGE – Ah ela não está mais aqui

LOUISE – Não me diga que a vendeu?

FAGE – Não não

LOUISE – Ah

NATHALIE – Papai desceu pra rua

WALLACE – É assim que uma empresa pode preservar a sua juventude evitar toda e qualquer esclerose retificações constantes da trajetória

NATHALIE – Ele fez plantão na praça Saint Sulpice na entrada do cinema Bonaparte ele ficava distribuindo seus cachimbos às pessoas que entravam e saíam

FAGE – Eu gostaria de rever Madagascar

LOUISE – Mas você nunca foi lá meu bem

FAGE – Abrir uma oficina mecânica

LOUISE – Mas você nunca foi capaz de consertar nada sou sempre eu

WALLACE – Relações com as cadeias de hotéis as companhias de transporte

FAGE – Não gosto de ver você metida nessas histórias Nathalie

NATHALIE – Mas é bem divertido pai ele tá ficando nervoso o Mané

FAGE – Seria melhor se você

NATHALIE – Os tiras receberam ordem de fazer provocações daí eles ficam fazendo hora perto da escola vestidos de civis

WALLACE – A conjuntura sócio-econômica incluindo um comentário sobre o momento político

LOUISE – Comprei com meu primeiro salário meu bem

WALLACE – E o senhor está vendo este pequeno campo?

LOUISE – Ele data da Revolução Francesa

FAGE – Realmente ele cabe bem na mão

WALLACE – Neste pequeno campo o senhor vai anotar tudo o que não funciona bem na empresa tudo o que emperra o movimento tudo o que pode provocar atrasos paralisar a tomada de decisões

NATHALIE – Que que cê tá escondendo aí?

LOUISE – Pssss é uma surpresa para o papai

FAGE – É raro que eu não leve uma pasta ou duas para casa à noite bem que minha mulher gostaria que passássemos mais tempo vendo televisão

LOUISE – Uma surpresa pra você

WALLACE – O senhor redigirá um relatório mensal resultados de vendas movimento financeiro comportamento da concorrência

LOUISE – Você não vai abrir?

FAGE (*abrindo o pacote*) – Pronto

WALLACE – Reações e queixas de consumidores

LOUISE – Você gostou? Pertenceu ao capitão Bodington que comandava um navio na esquadra do almirante Nelson nunca foi fumado desde o naufrágio em que ele faleceu

FAGE – Quem?

LOUISE – Quem? O capitão Bodington

FAGE – Ah

LOUISE – É o sarro original

LOUISE – Mas sempre tem gente que fica olhando

NATHALIE – Vou te devolver

WALLACE – Geralmente nele se escondem as angústias mais difíceis de controlar

NATHALIE – Temos que levantar 1.500 francos até hoje à noite pra pagar a gráfica

WALLACE – O neurótico não falo do psicopata

FAGE – O senhor é um executivo audacioso tem sede de grandes responsabilidades tem dentes afiados deseja se inserir

WALLACE – O senhor

NATHALIE – Então vêm ou não vêm esses cem paus pai por favor?

WALLACE – O senhor se considera um homem normal?

VINTE-E-UM

WALLACE – E à noite o que o senhor faz?

LOUISE – Gostaria tanto que você pusesse ordem nesses gibis velhos

WALLACE – Amigos o senhor tem muitos?

WALLACE – Mas isto não pressupõe nenhum juízo a priori não descarto nem o don juan o que se chamaria vulgarmente o comedor

NATHALIE – São alegres esses classificados em que as pessoas se oferecem a todo mundo dá vontade de colhê-las

WALLACE – Nem o impotente nem aliás o mês passado contratei um homossexual

NATHALIE – O que eu sou lhes ofereço venham venham que eu vou degluti-los

LOUISE – Você poderia pegar o carro e largá-los num depósito de lixo

WALLACE – Tratava-se de um cargo de confiança mas sua homossexualidade confessa era adequada à estrutura dinâmica na qual as tensões se equilibram harmonicamente pelo contrário às vezes diante de um indivíduo normal fico desconfiado

FAGE – Ir para o interior e enterrá-los

LOUISE – Seria mais simples jogar no Sena

WALLACE – O indivíduo normal é freqüentemente um recalcado cujas energias se esgotam nas batalhas sempre renovadas no nível do subconsciente

NATHALIE – Pai esses cem francos

VINTE

WALLACE – Sua vida privada

LOUISE – Vamos jogá-los fora?

FAGE – Queimá-los?

WALLACE – Quero ser muito claro ela não nos diz respeito

LOUISE – Se os jogarmos

WALLACE – A não ser pela influência que ela possa ter sobre sua atividade profissional

NATHALIE – Procuramos administrador excepcionalmente capacitado ao qual oferecemos

FAGE – Não na lixeira alguém poderia encontrá-los

WALLACE – Se queremos ter alguma informação a respeito se por exemplo é importante para nós saber se o candidato tem uma vida privada turbulenta ou ao contrário tranqüila

LOUISE – Mas queimá-los? Não temos lareira

FAGE – Mesmo numa lareira

NATHALIE – Esse anúncio no Le Monde paizinho você não respondeu? Você deveria oferecemos procuramos um papaizinho bem bacaninha

LOUISE – Na verdade eu me pergunto

NATHALIE – Mãe por que o papai tá rindo sozinho?

FAGE – Saindo do banho Mulawa?

LOUISE – Acrescenta a isso o prazer que ela tem em nos colocar em situações ridículas

FAGE – Não foi tão simples assim conseguir um quarto por mais que eles estejam construindo hotéis

LOUISE – É até o caso de se perguntar se tem uma só palavra verdadeira em tudo isso

FAGE – Londres está lotada

LOUISE – Desde o início

FAGE – Finalmente consegui um quarto com uma cama sem banheiro

LOUISE – Esse encontro na livraria esse bebê me pergunto se tudo isso não passa de invencionice se não foi ela quem imaginou tudo seria bom que ela fosse examinada

FAGE – Eles dizem que é uma cama de casal

LOUISE – Então meu bem não precisamos de nada além disso ainda mais se ela der entrada na clínica no mesmo dia cê tá com as passagens? Cê vai nos levar ao aeroporto?

NATHALIE – Tem histórias de padres de fantasmas de judeus de loucos

WALLACE – O senhor se envolver com política? A política é melhor deixar para os outros não é?

NATHALIE – Tem histórias de militares de médicos e de pacientes de coveiros e de cadáveres

WALLACE – Não é mesmo senhor Fage?

FAGE – Então ele deve conhecer um monte?

NATHALIE – Tá estudando a maior quantidade possível de variações o que ele pesquisa é a invariante o que não muda

LOUISE – O que você tem meu bem?

FAGE – Mas nada

LOUISE – Você sabe essa menina é bastante mitômana começo a me perguntar

FAGE – O Bergognan nunca entendeu nada do espírito de equipe

WALLACE – O pontapé na bunda não é?

LOUISE – Eu me pergunto mas isso não é possível

FAGE – Mulawa Mulawa

NATHALIE – Ele coleciona piadas ele está preparando uma tese sobre a estrutura das piadas ele é genial mas completamente silencioso

WALLACE – É lamentável mas compreensível

FAGE – Devo lhe assegurar

WALLACE – De tanto ficar inativo

FAGE – Piadas como assim piadas?

NATHALIE – Histórias sabe que os homens contam com o único fim de fazer rir

FAGE – Se o senhor estiver tentando me fazer dizer o contrário do que eu disse

WALLACE – O senhor não disse que é contra a política?

FAGE – Eu disse

WALLACE – O senhor não se interessa pela evolução do mundo? Do país?

NATHALIE – As histórias de sacanagem formam mais da metade do corpus

WALLACE – As grandes questões de interesse público? A moradia a escola as explosões atômicas?

FAGE – Eu queria dizer

WALLACE – Difícil de apreender

NATHALIE – Para encontrá-lo é só percorrer as piscinas os bares os parques é lá que ele encontra sua clientela mais fiel

LOUISE – De esquerda só pode ser?

FAGE – Foi ele que encheu a tua cabeça com essas idéias de guerrilha urbana?

NATHALIE – Ele é totalmente inconsciente em termos de política o marxismo só o interessa de um ponto de vista semântico mesmo a luta antiimperialista e anticolonialista não é que eu não tenha tentado explicar ele só boceja

LOUISE – Vai ser um jantar encantador

NATHALIE – Ele se interessa muito por tudo o que tem a ver com rango

FAGE – Você vai ter que se superar meu bem

LOUISE – Ele come de tudo?

FAGE – Do que ele gosta?

NATHALIE – O que ele mais gosta é rins flambados

FAGE – O que ele faz? Ele faz alguma coisa?

WALLACE – O senhor nunca superou a morte de seu filho

NATHALIE – Se é isso que vocês querem

WALLACE – O senhor nunca se perdoou a sua imprudência quando ultrapassou aquele caminhão no final da subida de Marly-le-Roi

FAGE – Normalmente dava para eu passar

NATHALIE – Só que não sei mesmo o que vocês vão achar pra conversar

FAGE – Se o Peugeot atrás de mim não tivesse no mesmo instante saído da sua faixa Nathalie não quer ficar com ele mais de um ano ou dois troca-se de criança como se troca de carro quando ela quiser alguém lhe fará uma outra que então ela vai guardar essa talvez me chamará de vovô mas o senhor sabe

NATHALIE – Ele não é de falar muito

FAGE – Não tenho pressa

LOUISE – Do que ele gosta?

WALLACE – É o homem por inteiro que temos que visualizar não existe uma balança onde se ponha de um lado os pontos fortes do outro os pontos fracos o que importa é a totalidade única e indivisível

NATHALIE – Ele adora nadar

DEZENOVE

NATHALIE – Se eu amo Mulawa? Você tem
cada pergunta

WALLACE – É essa imagem

LOUISE – Mas você poderia pelo menos
apresentá-lo para a gente

WALLACE – Há imagens fortes de que
não conseguimos nos livrar quanto menos
as suportamos mais insistentes elas ficam
naturalmente o senhor sempre esbarra na
imagem dessa criança de 16 anos se enfiando
debaixo do primeiro negro que escapou da selva
sem que tenha havido violência sem que tenha
havido paixão emoção nem mesmo precaução

FAGE – Não é a cor dele

WALLACE – E como deixar esse dado fora do
quadro? Com esta outra imagem vem em seguida
a do menininho de lábios grossos cabelo crespo e
o som da voz dele quando o chamar de vovô

LOUISE – Mas parece que seria normal Nathalie

FAGE – Sim você poderia convidá-lo para almoçar

LOUISE – Ou jantar à noite a gente se sente
melhor diz mais facilmente o que tem a dizer

FAGE – Como sabe que será um menino?

NATHALIE – Você falou tanto que ele precisava achar alguma coisa para fazer

WALLACE – Então explique

NATHALIE – Tá novinho

LOUISE – Mas

NATHALIE – E eu que queria comprar pra ele um revólver

LOUISE – Que idéia

NATHALIE – É bonito

FAGE – Ah uma história banal venda da empresa porque funcionava bem demais americanos que não entendem nada teria sido necessário que eu aceitasse continuar a trabalhar nessa firma onde tudo o que construí estava sendo desmontado

WALLACE – Sua demissão teve de alguma forma para o senhor o valor de uma mensagem

FAGE – Me diga Nathalie por que a gente trabalha? Para ganhar a vida? Mas que vida? Eu sei que a gente precisa ter uma ocupação eu vou me ocupar me ocupar olhando este grão de poeira

FAGE – É a organização que deixo atrás de mim sólida pronta para enfrentar qualquer coisa é o ambiente que eu criei

LOUISE – E você não sabe?

FAGE – Um ambiente estimulante um ambiente fraternal que faz com que para cada um dos meus homens os interesses da empresa venham antes de qualquer outra coisa quando eu dizia vamos então íamos quando eu dizia é assim então era assim

WALLACE – Quanto ganhava?

FAGE – Com todas as comissões chegava a 91.000 bruto por ano

NATHALIE – Não estou vendo flechas

WALLACE – E o senhor está pedindo

FAGE – Para mim o salário não é o fator mais importante o que procuro antes de mais nada

LOUISE – Um de seus colegas?

NATHALIE – Deve ser papai

WALLACE – Apesar de tudo as pessoas na sua idade não se demitem sem mais nem menos sem garantir a retaguarda

FAGE – De tanto fazer o que é razoável perde-se a dignidade

FAGE – A proximidade a distância a proximidade

WALLACE – O óleo a gasolina

DEZOITO

WALLACE – Nascido há 43 anos em Madagascar de pai médico militar e de mãe sem profissão ambos falecidos casado uma filha último emprego diretor de vendas nos Estabelecimentos Bergognan o senhor não tem títulos universitários

FAGE – Não senhor nada de canudos todos os meus títulos foram conquistados na vida

LOUISE – De onde vem isto?

NATHALIE – Não sei

FAGE – Meus títulos são os lucros da empresa multiplicados por dois a cada três anos durante dez anos é uma receita multiplicada por 15 enquanto meus principais concorrentes estagnavam

LOUISE – O que é isto?

NATHALIE – Um arco

LOUISE – Não estou cega

WALLACE – Uma partida uma chegada

FAGE – Uma partida

WALLACE – Uma hiena um rato

FAGE – Um rato

WALLACE – Uma barriga um dorso

FAGE – Tudo isso está sendo anotado na minha ficha?

WALLACE – Dou entrada a suas escolhas nesta grade isso leva a um perfil que possibilita alguns cruzamentos uma barriga um dorso

FAGE – Me recuso a continuar

WALLACE – Como quiser

FAGE – Uma barriga

WALLACE – A perversidade a mediocridade

FAGE – Qualquer que seja a resposta ela se volta contra mim vou parar

WALLACE – Não fique na defensiva a perversidade

FAGE – A mediocridade

WALLACE – A proximidade a distância

LOUISE – Justamente o que precisa

FAGE – Entulho precisa ter entulho por que não haveria entulho? 23 anos pra virar entulho

NATHALIE – Desandei a correr nunca corri tão depressa

FAGE – Que proeza

NATHALIE – Só que o Roland tropeçou

LOUISE – Quem é Roland?

NATHALIE – Eles o pegaram

FAGE – 23 anos a gente deveria ser demitido de dois em dois anos há muito tempo que não respiro tão bem como agora sabe ainda sou capaz de saltar meus quatro metros e 95 em distância Nathalie você nunca usou o teu vestido o de Londres

WALLACE – O aço a lá

FAGE – Queria te ver com aquele vestido

WALLACE – A lua o sol

FAGE – O sol

WALLACE – O esperma o cuspe

FAGE – O esperma

FAGE – Muito são pessoas que falam a mesma
língua que nós eles têm vários outros candidatos
com bons currículos

NATHALIE – Uma patrulha apareceu só que do
outro lado

LOUISE – Come meu bem Nathalie

NATHALIE – Logo depois os cassetetes

LOUISE – Você corta o apetite dele meu bem
você sabe muito bem o quanto mamãe te admira
ela pensa que bastaria que pelo menos algumas
empresas soubessem que um homem do seu valor
está disponível mas como fazer para que fiquem
sabendo? Ela diz que você poderia mandar uma
carta ao Le Monde relatando as dificuldades
encontradas por um executivo ainda longe de
estar velho a pouca vergonha das respostas que
se recebe a degradação moral a lenta ascensão da
angústia é possível que o Le Monde publique você
mencionaria toda a sua experiência profissional
seus méritos seus sucessos

FAGE – E depois o acidente e depois o vazio

LOUISE – Não para você se queixar mas
para ilustrar uma das coisas que não estão
funcionando na nossa sociedade de hoje

FAGE – Não tou entendendo o que tua mãe quer
comigo não tou entendendo onde ela mete o nariz

FAGE – O nu

WALLACE – O malandro o sádico

FAGE – O malandro

WALLACE – Uma lágrima um latido

FAGE – Um latido

LOUISE – Tá na mesa meus queridos tá na mesa

FAGE – Eu dei uma volta até a praça Saint Sulpice foi bem agradável

NATHALIE – Genial mãe cê faz as melhores batatas fritas do mundo

FAGE – Então qual é a idéia maravilhosa da sua mãe? Estou na minha melhor forma estou voltando da Colgate-Palmolive

NATHALIE – Foi entre três e quatro da madrugada

FAGE – São bem legais as pessoas de lá

NATHALIE – Durante quinze vinte minutos deu pra fazer o negócio sem problema eu estava de guarda na esquina da rua do Marché

FAGE – Bem legais

LOUISE – Estão interessados?

FAGE – Uma perna

WALLACE – Uma cabeça um coração

FAGE – Um coração

WALLACE – Um leopardo uma abelha

FAGE – Não imediatamente

LOUISE – Acho que eu tenho o direito de saber

FAGE – Um leopardo

WALLACE – Um vaso um tapete

FAGE – Um vaso um tapete?

WALLACE – Um vaso um tapete

FAGE – Um tapete

WALLACE – Uma multidão um deserto

FAGE – Já disse pra você

LOUISE – Foi você que mudou de idéia? Foi ela?

FAGE – Uma multidão

LOUISE – E você que

WALLACE – O vestido o nu

FAGE – Não

WALLACE – E em relação à política?

FAGE – Não me preocupo com política sou contra

WALLACE – Em relação à liberdade sexual?

LOUISE – Por quê? Ficaram muito tempo
diante da porta?

FAGE – Não tenho preconceitos mas veja a
minha filha Nathalie ela quer a revolução ela
está com dezesseis anos já cansada de fazer o que
ela quer e quando digo fazer ela não faz ela vai
sendo levada pelo que aparece quando eu digo
o que ela quer ela não quer nada ela é sujeita a
veleidades só que veleidades isso arrebenta com
a vida familiar não há comunidade que agüente
não se pode concordar minha mulher nem fica
mais chocada ela só fica exaurida só isso e assim
ela me exaure nós nos exaurimos uns aos outros
eu acredito que haverá uma reviravolta não há
milhões de coisas novas no mundo então será
necessário fazer marcha a ré ah revolução isso diz
exatamente o que quer dizer que gira gira e tudo
volta ao mesmo ponto

NATHALIE – Era como uma música

LOUISE – E daí vocês voltaram?

WALLACE – Entre estas duas coisas com qual
o senhor se identifica mais facilmente um braço
uma perna

LOUISE – Você não tá bem?

WALLACE –Trata-se justamente de descobrir os caminhos de um novo humanismo

FAGE – Pelo contrário estou muito bem

LOUISE – Então

FAGE – Na clínica ah escuta

NATHALIE – Já escutei tudo

FAGE – Eu tinha um pequeno formigamento nos dedos da mão esquerda Wolff me disse que não é nada estou em plena forma não chegou correspondência hoje?

LOUISE – Pronto tua capa de chuva que voltou novinha da lavanderia a mamãe telefonou ela tem uma idéia pra você mas por que você tá rindo?

FAGE – Por nada porque penso que tenho sorte de ter uma mulherzinha como você porque a vida é fascinante apesar das dificuldades

DEZESSETE

FAGE – Chegamos à porta da clínica eram umas seis e meia da tarde

LOUISE – Vocês entraram?

WALLACE – A humanidade está ociosa o indivíduo tem cada vez mais tempo ele sabe cada vez menos o que fazer com ele essa ociosidade nos diz respeito

FAGE – Isso não me interessa mais

WALLACE – Nossa vocação é estimulá-la

LOUISE – De onde cê tá vindo meu bem?

FAGE – Do médico

LOUISE – Não para Nathalie?

WALLACE – Mas há fomes e sedes que ainda não foram saciadas nenhum alimento

LOUISE – Mas qual?

FAGE – O doutor Wolff

LOUISE – Mas eu não o conheço

WALLACE – Nosso presidente nos dizia outro dia numa reunião de diretoria senhores ponham na cabeça que vendemos no sentido pleno do termo um produto alimentar

FAGE – Tá na hora vamos Nathalie

NATHALIE – Aonde?

FAGE – Fazer um pequeno check-up é um cardiologista

LOUISE – E assim não vai ser necessário pelo menos não agora vender tua coleção

NATHALIE – Ah pai não agüento mais

FAGE – Você não tá se sentindo bem?

NATHALIE – Sim sim mas vivi tudo isso tão forte

LOUISE – Só de pensar nisso eu ficava doente

FAGE – Eu não quero que você trabalhe

LOUISE – Mas já tá feito meu bem já assinei e vai ser muito bom pra mim sabe

NATHALIE – Era como uma brasa tudo ardia

WALLACE – Na espeleologia está acontecendo um movimento considerável do qual há apenas um ano ninguém tinha idéia mas nós o tínhamos previsto e no iatismo no paraquedismo não na nossa empresa não o deixaremos saborear seus sucessos antes de respirar será impulsionado para mais longe mais alto

FAGE – Eu gosto

NATHALIE – Pai cê sabe o que é um momento privilegiado?

FAGE – Mas eu quero vendê-los de qualquer forma

LOUISE – Por quê?

NATHALIE – Papai por que a gente é feliz?

WALLACE – Se o senhor conseguir

LOUISE – Deu certo meu bem

WALLACE – Projetos é o que não nos falta

NATHALIE – Ah mas pai eu sou feliz feliz

LOUISE – Começo segunda-feira

NATHALIE – Toda esta cidade não não é a
cidade é o universo todo põe a mão aqui sente
como meu coração bate?

WALLACE – Saiba que se o seu trabalho der
certo se o nosso pequeno empreendimento de
turismo americano deslanchar bem

LOUISE – Claro fiquei um pouco com medo
meu bem mas tudo foi tão fácil

NATHALIE – Agora põe a mão aqui não mais
embaixo lá onde um outro coraçãozinho está
batendo não dá pra ouvir mas eu tou sentindo

LOUISE – Além disso um salário nada
desprezível sabe estou contente bem contente

WALLACE – Não o deixaremos muito tempo
nesse cargo porque precisaremos do senhor para
lançar um ou outro projeto mais importante poderia
ser em arqueologia como também poderia ser nas
peregrinações onde tudo está por fazer no setor das
férias para delinqüentes e deficientes

WALLACE – E o senhor tenta encontrar na sua noção de dever um álibi para a sua covardia o que aliás duplica a covardia

FAGE – Senhor eu tenho um outro encontro

WALLACE – Sente-se

FAGE – Engula suas palavras

WALLACE – Vamos quieto

FAGE – Você também cala a sua boca

WALLACE – Bem estou anotando suas diferentes reações capacidade de agüentar golpes controle sobre si arroubo de dignidade

DEZESSEIS

NATHALIE – Que torre é essa que se destaca?

FAGE – É o Big Ben

NATHALIE – E aquela construção?

FAGE – É o Parlamento

NATHALIE – Pai eu sinto enjôo todo dia de manhã

FAGE – Já à direita é Westminster

WALLACE – E o senhor?

FAGE – Tem filhos o senhor?

WALLACE – Se o pai fosse branco

FAGE – E talvez pense que eu sou racista?

WALLACE – É interessante no seu caso essa passividade assim como se deixou reduzir a pó na empresa do Bergognan

FAGE – Como?

WALLACE – Eles lhe pediram para baixar as calças e depois para andar de quatro de bunda empinada e foi o que o senhor fez

FAGE – Como?

WALLACE – Sou eu que lhe pergunto não foi por covardia congênita até pode se dizer que o senhor tem uma personalidade corajosa foi a necessidade de se sentir protegido o senhor tem alguma coisa infantil

FAGE – Eu lhe asseguro que fiquei aliviado quando acabou

WALLACE – Exatamente deixou que eles fizessem o que o senhor sabia que devia fazer mas não ousava fazer o senhor se aliviou como bem disse

FAGE – Esses rapazes que recrutei formei com eles eu tinha uma responsabilidade

FAGE – Estou esquecendo na verdade antes de tomar banho

WALLACE – Ah

FAGE – Claro faço ginástica começo pela saudação ao sol é um movimento de ioga muito simples que permite desabrochar uma maneira de tomar o impulso para o dia

WALLACE – Antes de se barbear?

FAGE – Não consigo fazer a barba antes de minha xícara de café

WALLACE – O senhor pratica ioga?

FAGE – Encontrei esse movimento num programa de TV achei curioso experimentei

WALLACE – Estávamos no banho

FAGE – Desculpe no banho muitas vezes eu descubro a solução de meus problemas as decisões irrompem chego a esquecer o tempo isso até que um escarcéu na porta me traga de volta é a minha filha Nathalie querendo usar o banheiro antes de ir à escola

WALLACE – Se esse Mulawa quiser casar com a sua filha

FAGE – Nathalie tem dezesseis anos e aliás ela não quer saber de casamento nem de aborto

FAGE – Quando se leva uma vida como a minha

WALLACE – Acelerada

FAGE – O esqui é uma ruptura com tudo o que
é confuso mesquinho é se libertar da gravidade
voar penetra-se no desconhecido controlamos
todos os músculos há uma espécie de harmonia
entre a imensidão que nos envolve e o interior
do corpo e é a minha filha com ela nos esquis
somos unidos formamos uma dupla célebre em
Courchevel ah o Fage e a filha dele

WALLACE – A que hora costuma acordar?

FAGE – Cedo estou de pé entre cinco e seis

WALLACE – O que faz entre o momento em
que se levanta e o momento em que sai para o
escritório?

FAGE – Desculpe mas não estou entendendo

WALLACE – Sou eu que me desculpo se a
minha pergunta não foi clara

FAGE – Tomo um banho

WALLACE – Muito bom quente?

FAGE – Morno debaixo do chuveiro recapitulo
tudo o que vou ter que fazer durante o dia

WALLACE – Fica muito tempo debaixo do
chuveiro?

FAGE – Nos últimos anos eu o convenci de que o comércio não é menos nobre que a atividade militar mas ele justamente só entrou no exército porque seus pais não tinham como ajudá-lo a montar um consultório se fosse hoje ele seria médico num hospital público ele não tinha nenhuma noção de concorrência

WALLACE – O que ele queria que o senhor fizesse?

FAGE – Estudar aprender mas eu é a vida que me interessava pôr logo a mão na massa

QUINZE

WALLACE – A sua mulher o acompanha?

FAGE – Raramente ela esquia um pouquinho não muito

WALLACE – Eu não faço muito esqui de pista mas passeios

FAGE – Nós também fazemos verdadeiras façanhas passar a noite nos refúgios dias inteiros na total ah eu o levaria com prazer conheço trilhas que bem poucos conhecem

WALLACE – Descobri no ano passado alguns recantos quem sabe não teremos a oportunidade mas para o senhor é uma verdadeira paixão

WALLACE – Medo de se afastar o senhor gostava demais da empresa

FAGE – Tinha que proteger meus colaboradores

WALLACE – Otimista e generoso

FAGE – E além do mais eu não desprezo a fidelidade

WALLACE – Claro é uma virtude tão rara

FAGE – Meu pai que tinha conseguido estudar medicina sendo que o pai dele era professor primário

LOUISE – Já acabou meu bem de catalogar tua coleção

FAGE – Seu desencanto quando entrei na firma do Bergognan como representante de vendas de camisetas

LOUISE – E se você organizasse agora todos esses gibis já que não quer jogá-los fora de jeito nenhum

WALLACE – Ele não entendeu?

FAGE – Ele achava que era uma decadência e no entanto

LOUISE – Ache alguma coisa pra fazer

FAGE – Eu lhe disse eu sou um otimista

LOUISE – Choveu ontem

FAGE – Meu amor

LOUISE – Teus sapatos estão sujos

FAGE – Você esqueceu de engraxar meus sapatos

LOUISE – Como está o tempo hoje?

FAGE – Eles estão bem sujos

NATHALIE – Pai estou tentando fazer a minha lição de matemática

FAGE – E daí?

NATHALIE – Não grita

FAGE – Tinha a esperança de que eles abririam os olhos

WALLACE – O senhor pensou que era um mau momento que iria passar

FAGE – Ficar ligado esperar aguardar

WALLACE – No fundo o senhor tinha medo

FAGE – Eles temiam pelo futuro deles eu pelo contrário

LOUISE – É infantil

NATHALIE – Somos animais?

WALLACE – O senhor ficou 23 anos

FAGE – Sim

WALLACE – É muita fidelidade talvez demais

FAGE – Quando se criou uma equipe quando se acredita na missão que se cumpre e que não está nunca acabada tenho talvez uma concepção da dignidade humana que não é mais comum hoje em dia mas não não me considero uma mercadoria

WALLACE – Quando depois da compra pela firma americana

FAGE – Estávamos no meio de uma promoção muito importante eu não podia largar tudo

LOUISE – Você deveria ter me acordado

FAGE – Você dormia tão profundamente

WALLACE – Mas o senhor suspeitava

LOUISE – Teus sapatos

FAGE – No fundo no fundo eu esperava

WALLACE – Quer dizer?

FAGE – Não meu problema é que eu venho de uma área profissional tão diferente

LOUISE – Porque os riscos não devem ser ignorados

NATHALIE – Então pai?

FAGE – Vou ter que aprender tudo

WALLACE – Em algumas semanas um homem como o senhor dá conta do problema

NATHALIE – O papai ficou a manhã toda prostrado nessa poltrona

LOUISE – O que é essa história de Solidariedade Vermelha?

NATHALIE – Quando um militante da escola está na cadeia

LOUISE – Sabe que não acho nem um pouco engraçado

WALLACE – Vender é universal

LOUISE – Seu pai ficou muito afetado por isso

WALLACE – Quanto a isso não tenho a menor preocupação a minha preocupação

LOUISE – Que você lhe peça dinheiro bem agora

NATHALIE – Que

FAGE – Pelo contrário

WALLACE – Estamos fazendo isto 450 metros acima de Courchevel

FAGE – Eu sou essencialmente um otimista é até um de meus traços essenciais

NATHALIE – Eu disse que ia levar 100 francos

FAGE – Já de cara eu sou um vencedor

WALLACE – No centro da cidade uma piscina olímpica a céu aberto com as geleiras ao fundo

LOUISE – A Germaine me pediu para não divulgar o nome dele nem mesmo pra você

NATHALIE – Para pagar os advogados

WALLACE – Chega-se de esqui até dentro do recinto da piscina

FAGE – Ah é extraordinário

NATHALIE – É necessário

WALLACE – As pessoas usam maiô debaixo das suas roupas de esqui

FAGE – Elas abaixam as calças e vupt na água

LOUISE – Não é um médico suspeito pelo contrário é um idealista ela me disse que ele faz isso por convicção e somente quando está intimamente convencido

LOUISE – Mas quando ela chega e nos diz eu quero fazer esta criança é a palavra que ela usou não é? Fazer? Fazer durante as férias ficar com ela durante um ano e depois passar adiante

NATHALIE – Nós conseguimos nos dispersar

LOUISE – Sei muito bem que você disse que não concorda

NATHALIE – Os tiras o pegaram

LOUISE – Mas então o que aconteceu em Londres?

QUATORZE

FAGE – O senhor se engana completamente

NATHALIE – Você foi receber seu salário-desemprego?

FAGE – Não não

NATHALIE – Porque eu preciso de dinheiro ainda hoje

FAGE – Se o senhor pensa isso é que eu me expressei mal expliquei mal

NATHALIE – Para um colega uma vaquinha

LOUISE – Telefonei para a Germaine que conhece um médico que fará isso

WALLACE – Uma entrevista bem conduzida
é sempre uma agressão mas pode ser também a
fonte de uma grande ternura íntima

LOUISE – Você se vangloria de suas proezas
escolares sem dúvida no plano intelectual

FAGE – Ela me pediu uma nota de 100 francos
para a Solidariedade Vermelha

WALLACE – Um candidato que acabou não
sendo selecionado me escreveu um tempo depois
para me agradecer não sei a entrevista lhe deu a
possibilidade de enxergar a si próprio para além
de suas múltiplas máscaras

LOUISE – Sim eu sei não podemos ficar com
raiva dela ela se comportou como os outros hoje
tudo leva a isso os pais ficam sem saber o que fazer

FAGE – Mas quem é?

NATHALIE – Um colega da escola

FAGE – O que ele tava fazendo?

NATHALIE – Pintando num muro

FAGE – O quê?

NATHALIE – Palavras

WALLACE – Para mim foi mais do que uma
simples satisfação profissional

LOUISE – Não quero deixar tudo isso se desmanchar

FAGE – Não Nathalie

NATHALIE – Se essa for sua palavra final

FAGE – Sim exatamente minha palavra final

NATHALIE – Vou procurar em outro lugar

FAGE – Me diga onde se encontra dinheiro eu costumo pensar que ele se ganha

NATHALIE – Não necessariamente

LOUISE – Quanto a isso não tenho nenhuma preocupação estou certa de que você vai reencontrar a posição que merece estou mais segura do que você mais paciente também

WALLACE – Não contrataria nunca um candidato que não mente seria um sinal de anormalidade de ausência de defesa

LOUISE – Porque eu confio em você

WALLACE – O candidato elabora portanto ele mente ele precisa se ele fizer bem o seu trabalho dizer o que deve ser útil para ele e calar o que poderia acredita ele prejudicá-lo

LOUISE – É Nathalie que me apavora e você

WALLACE – E nós não acreditamos nos testes

LOUISE – Diga que você me ama

WALLACE – É uma maneira de abrir mão
da intuição acredita-se que a objetividade vai
ser alcançada quando na verdade se projetam
preconceitos sobre *gadgets* aos quais se faz dizer o
que já se sabe

LOUISE – Se a deixarmos ter essa criança

WALLACE – Entrevistar aproxima-se do ato
criador

LOUISE – O que os outros vão dizer? Não vai
ser muito agradável mas isso também pode ser
superado

WALLACE – Não é olhando o candidato de
fora

LOUISE – Os vizinhos vão comentar e eles
acabarão se cansando talvez virem a cara pois que
virem não é o que me apavora o que me apavora?
Eu sinto uma ameaça em tudo isso

WALLACE – Agindo com simpatia colocando-
se a si próprio entre parênteses entrando na pele
do outro

LOUISE – Pra mim e pra você para nós três

WALLACE – Fazer com que a verdade venha à
tona as camadas profundas

TREZE

WALLACE – O entrevistado a princípio é como um campo de neve virgem deixo minha marca uma tela em branco

LOUISE – Entende meu bem? Tudo o que nós construímos

FAGE – E daí?

LOUISE – Dou valor a isso

WALLACE – O pintor diante do seu cavalete com seu pincel ele começa a tirar o branco é essa a ação tirar aos poucos todo aquele branco

LOUISE – Não estou pensando no nosso padrão de vida não estou pensando na situação social de forma alguma eu estaria pronta a recomeçar do zero com você se fosse necessário você sabe que sou menos apegada às coisas materiais do que você desde que tenhamos o que comer e onde dormir um cantinho bem quente porque sou friorenta tem que ter aquecimento meu bem é tudo o que eu peço e mesmo se for necessário sentir um pouco de frio

WALLACE – Para chegar a um sentimento global uma evidência que não se pode decompor em cada um dos elementos que a constituem

LOUISE – A gente vai se encostar um no outro bem juntinhos né

FAGE – Não só cigarro e agora nem isso mais

WALLACE – Sim o senhor parou há dois anos e meio

FAGE – Para dizer a verdade tive uma recaída depois

WALLACE – Que durou muito tempo?

FAGE, *aos gritos* – Tou te falando que eu não quero do teu bolo de aniversário

LOUISE – Meu bem ele foi comprado vamos comê-lo

FAGE – Sim?

Ele joga no chão o prato com o bolo.

LOUISE – Desculpe meu bem eu deveria ter imaginado

FAGE – Imaginado o quê meu Deus?

LOUISE – Essas questões de contracepção eu não tinha nenhum motivo para pensar que podiam ter um interesse imediato para ela mas me ocorreu que se a gente esperasse muito corria o risco de chegar tarde demais ela se negou a conversar mas com um desses silêncios violentos que você conhece

FAGE – Nem pelas idéias que eu expresso?

WALLACE – Tampouco mas prossigamos
dizíamos então que o senhor é um colecionador

FAGE – Tenho uma coleção de cachimbos de
todos os países

WALLACE – O que o levou a iniciá-la?

FAGE – Sempre a mesma coisa o desejo de estar
em outros lugares cada cachimbo evoca um lugar

WALLACE – Cachimbo o senhor mesmo não
fuma

FAGE – Meu pai fumava

WALLACE – Ah seu pai fumava

FAGE – Por quê?

WALLACE – É interessante

FAGE – Foi ele que começou a coleção ah ele
só tinha alguns poucos comprados aqui e ali ao
acaso das peregrinações de seu regimento mais
como lembrança ou para uso próprio há um ou
dois cachimbos estranhos que ele mesmo batizou

WALLACE – Percebe-se que o senhor ainda tem
sentimentos muito vivos quando evoca seu pai
cachimbo o senhor nunca fumou?

DOZE

WALLACE – É claro que o senhor não tentou matar o senhor Bergognan nem a sua mulher

FAGE – Matar minha mulher?

WALLACE – O senhor associa estreitamente a sua mulher ao senhor Bergognan

FAGE – Somos um casal muito unido me diga se já encontrou por aí muitos casais unidos depois de 21 anos de casamento

WALLACE – Do que o senhor se defende?

FAGE – Bergognan nem vale a pena falar não é nada não vale mais do que um pano sujo que se joga no lixo

WALLACE – Aí o senhor se traiu

FAGE – Como?

WALLACE – É o que estou procurando

FAGE – O senhor procura como eu me traí?

WALLACE – Não estou tentando levá-lo a se trair o mais freqüente e o mais seriamente possível todo o foco da minha entrevista reside aí não me interesso pelos fatos que o senhor me conta nem pelas afirmações que faz

FAGE – Bastou assoprar para eu cair

WALLACE – Como?

FAGE – Dois meses e meio depois da venda
eles enviaram um de seus Johns um rapaz muito
simpático ele vinha estudar o mercado francês ao
cabo de dez dias ele tinha entendido o mercado
francês e me dava conselhos precisava suprimir
dois terços dos atacadistas reduzir a margem dos
varejistas aumentar em contrapartida as cadeias de
supermercados eu lhe explicava por que o pequeno
atacadista na França ainda é indispensável por que
o varejista tradicional quinze dias depois John era
nomeado diretor geral de vendas eu permanecia
diretor de vendas pedi uma descrição precisa das
duas funções me responderam que nada tinha
mudado John olharia a situação de cima aos poucos
comecei a me perguntar como podia ocupar
meu tempo até o fim do dia tudo escapava das
minhas mãos na distribuição das ordens de serviço
me esqueciam eu era testemunha do processo
de desmantelamento de tudo o que eu tinha
construído no decorrer dos anos

LOUISE – Mas meu bem você parece tão distante

FAGE – Encontrei algo para fazer

LOUISE – Vou te incomodar mas você precisa
tirar todos esses papéis e por que você tirou pra
fora todos os teus cachimbos? Eu queria pôr a
mesa o que você tá fazendo?

FAGE – Catalogando minha coleção

WALLACE – Talvez fosse uma predestinação

FAGE – Eu sou assim não esquento cadeira

LOUISE – Com esses sapatos fica muito melhor

NATHALIE – A Casa Poclain a Livraria Hachette a Pré-Natal

FAGE – Viagens isso está no meu sangue

LOUISE – Na Hachette eles já encontraram na Pré-Natal eles acusam recebimento e te convocarão numa data posterior é uma circular não está assinada

FAGE – Meu pai era médico num regimento da infantaria colonial

LOUISE – Não é uma carta de Mulawa?

NATHALIE – Não Mulawa não escreve

LOUISE – Onde ele está?

NATHALIE – Não sei

LOUISE – Na Casa Poclain eles estudaram atentamente eles procuram alguém de nível inferior ao seu pelo menos tiveram a gentileza de responder

FAGE – Eles me obrigaram a cavar minha própria sepultura quando atiraram eu já não era mais nada

LOUISE – Esta é uma boa carta

da Noruega Soho by night o muro de Berlim há
um número ilimitado de combinações e agora
vocês é que vão decidir

NATHALIE – Pai dá uma olhada você se senta
de pernas cruzadas

FAGE – Cada viagem será única e expressará a
personalidade do grupo

NATHALIE – Mas primeiro eu preciso te
ensinar o princípio da respiração

FAGE – Viagem aleatória uma fórmula inédita
que se diferencia claramente da fórmula das
agências tradicionais

WALLACE – Mas talvez o senhor esteja
esquecendo a questão das reservas

LOUISE – Com esses mocassins sujos? Desse
jeito eles não vão ficar com uma boa impressão
de você meu bem

FAGE – Enquanto nada indicava que ela já se
interessava pelos rapazes

WALLACE – O fato de ter nascido em
Madagascar

LOUISE – Mas não não é uma questão de ser
elegante é uma questão de ser bem cuidado

FAGE – Pelo contrário

ONZE

NATHALIE – O papai tá ficando um inferno

LOUISE – Você não tem nenhuma idéia para animá-lo?

NATHALIE – Vou comprar um revólver pra ele me parece tão infeliz

WALLACE – Excelente excelente

FAGE – Mas não é só isso tornar cada grupo de turistas uma microssociedade que pratica autogestão

LOUISE – O que cê quer? Ele não foi feito para ficar em casa o dia inteiro

FAGE – Sem dúvida mas minha idéia vai mais longe

NATHALIE – E se eu ensinasse pra ele a meditação budista?

FAGE – Preste atenção introduzir o aleatório

LOUISE – Meu bem se em vez de ir e vir como um urso você arrumasse os seus gibis?

FAGE – Cada viagem começa com um *brainstorm* na primeira noite na chegada no hotel o animador expõe as várias opções de viagem que podem ser combinadas a Roma antiga os fjords

LOUISE – Se você foi tão covarde com o Bergognan quanto com a menina

WALLACE – Mas o senhor está satisfeito

LOUISE – Não me espanta que ele tenha conseguido se livrar de você tão facilmente

WALLACE – O senhor gosta de si mesmo e faz o que for preciso para se amar sempre um pouco mais

FAGE – Você quer aquele vestido?

NATHALIE – Pai cê ficou louco?

LOUISE – Ele deve ter ficado pasmo Bergognan então você nem se defendeu? Você não fez valer teus direitos? Não disse pra ele que a empresa pertencia a você tanto quanto a ele? Que não era em vão que você tinha dedicado 23 anos da tua vida para consolidá-la? Cê nem teve vontade de pegar ele pelo colarinho e sacudi-lo até ele dizer

FAGE – Até ele dizer

WALLACE – Há outros meios sabe de conservar a juventude menos egocêntricos como não pensar nela esquecer

NATHALIE – Por que você está rindo?

FAGE – O que vamos dizer pra mamãe?

LOUISE – E você comprou pra ela esse vestido

FAGE – Você foge das responsabilidades

NATHALIE – A responsabilidade é obscena

FAGE – Era uma oferta

LOUISE – Como?

FAGE – Uma liquidação

WALLACE – O senhor constrói a sua vida

FAGE – Na Kings Road

NATHALIE – É essa coisa da responsabilidade que cria este mundo nojento que faz dos pais o que eles são

FAGE – Nathalie se teus pais não fossem pessoas responsáveis já pensou

NATHALIE – Você não vai me fazer pensar

FAGE – O que vai acontecer com essa criança escuta um pouco

NATHALIE – Olha como é bonito

WALLACE – O senhor é um ser absolutamente satisfeito

FAGE – Ah não eu acho que sempre dá para melhorar

FAGE – Eu tentei

LOUISE – Como?

FAGE – Eu fiz tudo o que eu pude

NATHALIE – Não quero ter memória

LOUISE – O que vocês fizeram?

FAGE – Passeamos

WALLACE – O senhor tem

FAGE – Eu sabia que o senhor ia falar da idade
mas sabe a idade é uma coisa bem relativa uns
ficam velhos aos 25 anos eu sempre fiz o que
precisava para permanecer jovem a primeira
coisa meia hora de ginástica toda manhã

WALLACE – Sua idade não é necessariamente
um problema

FAGE – Esporte muito esporte deitar cedo
dormir bastante

NATHALIE – Eu quero ou melhor eu tento
viver de um modo desconectado a gente faz uma
coisa plenamente uma outra plenamente não se
tenta ligar as duas senão

WALLACE – Dormir sim se o senhor quer
dormir e dorme é um homem cheio de vontade
toca pra frente o queixo erguido

DEZ

FAGE – Você é uma moça ponderada Nathalie não é uma tonta como é que isso foi acontecer?

NATHALIE – O que aconteceu não existe

FAGE – Mas aconteceu assim mesmo

NATHALIE – Ah olha é um vestido?

FAGE – Parece mais uma camisola

NATHALIE – Mas com punhos de pele

FAGE – É completamente

NATHALIE – Sim transparente

LOUISE – Mas então

NATHALIE – Não foi comigo que isso aconteceu

LOUISE – O que vocês fizeram em Londres?

FAGE – Então com quem?

NATHALIE – Com uma outra quer dizer eu ou uma outra

FAGE – Então você não gosta desse rapaz?

LOUISE – Vocês ficaram três dias

ser um vendedor pois é ele graças ao sucesso das
viagens que animou que vai transformar cada
um dos seus clientes em publicidade viva para
as viagens CIVA é preciso que a Mrs Jones de
volta a seu bairro do Brooklin contando sua
noite no Hilton de Ankara seu cuscuz etc recrute
a clientela das viagens seguintes é por isso que a
priori o fato do senhor ter formação de vendedor

FAGE – O senhor falou do Hilton hospedaremos
realmente o nosso pessoal no Hilton?

WALLACE – Por que não? O senhor terá um
poder de compra que lhe permitirá alugar os
Hilton inteiros na baixa estação com tarifas
de hotéis de terceira categoria e assim poderá
oferecer a pessoas modestas a lua e as estrelas

FAGE – Mil idéias já estão passando pela minha
cabeça faço as reservas com um ou dois anos de
antecedência que hotel até o mais sofisticado não
ficaria tentado a comprar um seguro contra a
conjuntura?

WALLACE – O senhor terá que fazê-los visitar a
maior quantidade de países e cidades no menor
tempo possível eles deverão ter a impressão de
descobrir o que ninguém nunca viu

FAGE – Eu mostrarei a eles o Coliseu Notre-
Dame claro o Big Ben porque são coisas que
eles precisam ver mas também o velho bairro
excêntrico com seus lavadouros públicos seus
jogadores de baralho nos terraços

FAGE – De onde saiu esse cinto?

NATHALIE – Comprei

FAGE – Com que dinheiro?

NATHALIE – Peguei na bolsa da mamãe

FAGE – Você sabe muito bem como sua mãe e
eu nos esforçamos para economizar

NATHALIE – Eu gostaria que a gente não
tivesse nem mais um centavo gostaria que
fôssemos muito pobres ou muito ricos (*cortando
o cinto com um canivete*) é pra dar aos passarinhos
o dinheiro é o trabalho

WALLACE – No tocante à organização a
especificidade da CIVA é ser uma empresa de
duas cabeças uma em Nova Iorque a outra em
Paris o senhor fala inglês fluentemente não é

FAGE – Eu me viro

WALLACE – O cargo que tentamos preencher
nasce da necessidade de se criar uma fórmula
nova para a grande massa de turistas americanos
que só podem escolher entre uma viagem
particular que sempre fracassa e o pacote
organizado por agências tipo manadas este
novo departamento ele também será bicéfalo
um representante em Nova Iorque encarregado
das vendas e das partidas dos grupos um
representante em Paris encarregado dos
itinerários e da animação ele também tem que

NATHALIE – Você não entende que é o máximo fazer uma criança?

FAGE – É uma grande coisa sim uma decisão séria

WALLACE – Que idade?

FAGE – Já é uma moça está acabando o colegial inteligente com ela não temos problemas vou passar uma semana com ela em Courchevel para a sua convalescença

WALLACE – Doente?

FAGE – Um pequeno acidente

WALLACE – Eu também aprecio Courchevel

FAGE – O que você quer?

NATHALIE – Saber o que é parir amamentar guiar a criança até os primeiros passos depois a gente passa pra frente tá cheio de casais querendo uma criança

FAGE – Ah os Três Vales é uma região excepcional para esquiar

WALLACE – Atualmente temos um projeto lá em andamento dois bilhões e meio

FAGE – Eu não te entendo

NATHALIE – Porque você só me vê de um lado nossa vida tem vários lados

FAGE – Respeitar os horários isso

WALLACE – Bem humorado com os colegas?

FAGE – Em geral

WALLACE – Acessível?

FAGE – Sem dúvida

WALLACE – Capaz de decisões impopulares?

FAGE – Aprendi a ser

WALLACE – Duro?

FAGE – Como assim duro?

WALLACE – Com seus subordinados

FAGE – Duro quanto às exigências mas generoso

WALLACE – Justo?

FAGE – Sim justo

WALLACE – Ponderado?

NOVE

WALLACE – E sua filha?

FAGE – Minha mulher é engraçado minha mulher não é nem de longe o tipo de mulher

WALLACE – O senhor gosta de planejamento?

LOUISE – Você não tem nenhuma autoridade sobre ela

FAGE – Somos felizes

LOUISE – Cego

FAGE – Um casal unido

WALLACE – O senhor lida bem com os números?

FAGE – Mas é uma esquiadora magnífica de classe ela é de uma audácia às vezes

LOUISE – Eu me pergunto se quando você a olha com teus olhos um pouco úmidos

WALLACE – O senhor é rápido?

FAGE – Eu me deixo levar por ela a cada lugar

WALLACE – Quando começa alguma coisa o senhor vai até o fim?

FAGE – Ah sim sempre

WALLACE – Pontual?

NATHALIE – Ele me convidou para tomar um suco

FAGE – E olhe agora a dimensão que isso tudo tomou

WALLACE – O senhor mantém o sangue-frio?

NATHALIE – Perguntei o que ele fazia

WALLACE – O senhor se descontrola às vezes? Acontece de lamentar ter dito determinadas palavras?

FAGE – No ano passado quando lançamos a linha Macho alcançamos o segundo lugar no mercado logo atrás da Petit Bateau ele ficou com medo o senhor Bergognan isso lhe deu vertigem

NATHALIE – Ele estuda e vende maconha

LOUISE – É necessário paciência e sangue-frio até o momento em que você vai ver você será impulsionado pra mais alto ainda

WALLACE – Decisões tomadas pelo senhor o deixam às vezes inquieto? É perfeccionista?

FAGE – Disseram a ele que era pequeno demais para se defender que era melhor ele vender num momento de pico havia muito tempo que os tubarões estavam de olho um alemão um italiano dois americanos

WALLACE – E sua mulher?

FAGE – Porque no momento em que o senhor
Bergognan me confiou a direção das vendas

LOUISE – Você sabe que sempre me orgulhei de
você é sim é verdade eu te admiro

FAGE – Não existia nenhuma política um vazio

NATHALIE – Eu o ajudei a procurar seu livro
juntos reviramos as estantes

LOUISE – Estou ainda mais convencida disso
hoje do que quando te conheci

FAGE – Então o senhor me pergunta se tenho
um caráter empreendedor mas não se trata
apenas de empreender

LOUISE – Somente você que é um grande
especialista das vendas meu bem se somente você
aprendesse a dar valor a si mesmo

NATHALIE – Ele me disse que era descendente
de uma tribo antropófaga e que o avô dele era rei

LOUISE – Você precisaria se autopromover um
pouco de vez em quando

FAGE – Foi preciso fé foi preciso uma energia
enorme porque o Bergognan o senhor acha que
ele encorajava as minhas iniciativas?

LOUISE – Você tem grandes sucessos no teu
currículo

FAGE – É um homem com um talento artístico incontestável ele mesmo desenha todos os produtos mas vai falar com ele sobre administração e gestão

NATHALIE – Ele me perguntou se tínhamos o Cru e o Cozido do Lévi-Strauss

WALLACE – O senhor tem mudanças bruscas de humor?

LOUISE – Eu sei que isso já dura quatro meses podemos agüentar seis meses se quisermos

WALLACE – O senhor é suscetível?

NATHALIE – Respondi que eu não trabalhava na livraria

FAGE – Ele teve a sorte de ter três colaboradores de valor que acreditaram

WALLACE – Perseverante?

FAGE – Que perceberam o potencial um publicitário um economista e eu mergulhei de cabeça

NATHALIE – Ele se desculpou

LOUISE – Contanto que a cabeça agüente meu bem não duvido das tuas capacidades

NATHALIE – Eu ri

WALLACE – Além do esqui e do tênis que outro esporte o senhor pratica?

FAGE – Para um lançamento de queijos

LOUISE – Cuida bem

FAGE – Prometo

LOUISE – Que Deus os abençoe

OITO

FAGE – Pode-se dizer que remodelei totalmente essa equipe nos primeiros seis meses expulsei toda a velharia que se aninhava lá contratei jovens feras sujeitos com dentes afiados prontos para morder

NATHALIE – Eu o encontrei na livraria das Presses Universitaires de France no boulevard Saint-Michel na seção de mitologia

FAGE – Em dois anos reverti totalmente a situação porque sabe o senhor Bergognan

NATHALIE – Ele me confundiu com uma vendedora

LOUISE – Meu bem você me assusta um pouco ultimamente

FAGE – Tenho 43 anos nasci em Madagascar

LOUISE – De onde cê tá voltando táo tarde?

FAGE – Eles me fizeram esperar pra absolutamente nada foi humilhante

LOUISE –Você parece esgotado

FAGE – Umas pessoas táo grossas

LOUISE – Você não se enquadrava?

NATHALIE – Na minha lição de grego pai

FAGE – Não é isso era um empreguinho de nada

NATHALIE – Um texto de Tucídides bem obsceno

FAGE – Com um salário ridículo

LOUISE – Talvez não se deva ser táo exigente

NATHALIE – Eu fiz dois errinhos e a professora disse que tava tudo errado foi ela que não entendeu

LOUISE – Pode ser que desta vez você não tire o primeiro lugar

NATHALIE – É bem chato ter que ver vocês dois todos os dias

FAGE – Eles têm a coragem de chamar isso de diretor de promoção de vendas quando o que eles procuram não passa de um designer gráfico para criar folhetos

FAGE – De Viagens Agradáveis?

WALLACE – Agradáveis? Não

FAGE – De Viagens Autogeridas? De Viagens Assistidas?

LOUISE – Tá na hora de sair

FAGE – Vamos Nathalie

NATHALIE – Você não vai me obrigar a entrar nessa clínica

FAGE – Teremos muito tempo para falar disso no avião

NATHALIE – Ele obriga a filha a ir a Londres para fazer um aborto você imagina essa manchete nos jornais de domingo?

FAGE – Comunidade Internacional

WALLACE – De Viagens Alternativas a partir de um tronco central criado há seis anos não passa mês ou mesmo semana sem que novas ramificações no início inspirado no modelo do Clube Méditerranée dando além disso um destaque todo especial à busca da paz no mundo conforme o espírito de seus fundadores CIVA tinha como meta graças a uma mistura de pessoas de todos os países e de todos os meios sociais porque CIVA nasceu do encontro de dois ativistas um francês e um americano

FAGE – Não se preocupe meu bem

LOUISE – Eu não me preocupo mas que o nosso pequeno capital vai minguando

FAGE – Estou otimista

LOUISE – Essa pequena brincadeira

FAGE – Já vejo uma luz no fim do túnel

LOUISE – O que ela vai nos custar

FAGE – Pssss

SETE

WALLACE – Considerando que a CIVA é uma empresa jovem moderna dinâmica

FAGE – De onde vem esse nome CIVA?

WALLACE – Deixo para o senhor adivinhar

FAGE – Há um deus hindu

WALLACE – Sim o senhor sabe tudo o que o Ocidente vai buscar atualmente no Oriente quando se trata de encontrar energias espirituais necessárias para resistir aos aspectos mais esterilizantes de nossa sociedade tecnocrática CIVA C.I.V.A.Comunidade Internacional

WALLACE – O erro é uma verdadeira obsessão
entende a importância da subjetividade é
enorme aliás nem se deve tentar eliminá-la entre
a empresa e o recém-chegado deve existir algo
como um casamento por amor

FAGE – Vou levá-la para uma semana de esqui
pra ela se restabelecer

NATHALIE – Quando cês tão bundando na fila
cês devem ficar contando piadas de bunda

LOUISE – Nathalie

NATHALIE – Não tenho o direito de imaginar?

LOUISE – Uma semana em Courchevel? Mas
com que dinheiro?

WALLACE – Cada candidato

LOUISE – Londres e depois Courchevel? Já tá
parecendo lua-de-mel

WALLACE – O senhor por exemplo

FAGE – Eu?

WALLACE – Eu o considero potencialmente o
próximo diretor-geral da empresa

FAGE – Por que eu?

WALLACE – É assim que eu considero cada
candidato

LOUISE – Mesmo que ela exteriorize pouco ou nada seus sentimentos

NATHALIE – A senhorita papai-desempregado escutava um disco deitada de bruços no chão com os pés pra cima quando de repente

FAGE – Não é o senhor?

WALLACE – Não é sempre o chefe do departamento que decide às vezes o diretor-geral quando se trata de um cargo ao qual ele atribui especial importância participa dessa entrevista final

LOUISE – É um trauma

FAGE – Primeiro eles dão um calmante para dormir depois tudo bem

LOUISE –Você é que pensa

WALLACE – É o único setor onde não se pode errar de forma nenhuma é também o setor onde é mais difícil não errar

LOUISE – Para qualquer mulher fisiologicamente e no plano psíquico

WALLACE – Há tantos fatores imponderáveis

LOUISE – Ainda mais para uma mocinha da idade dela

LOUISE – Vamos comer

NATHALIE – Tenho a impressão de viver num conto de fadas

LOUISE – Por que essa careta?

NATHALIE –Você sabe dobradinha

WALLACE – Sou eu mesmo que as faço pessoalmente

NATHALIE – Era uma vez numa pequena cabana

LOUISE – Os miúdos estavam em oferta hoje

FAGE – Uma delícia

NATHALIE – Uma família de papais-desempregados havia o senhor papai-desempregado a senhora papai-desempregado e sua filhinha que se chamava senhorita papai-desempregado como era gostosa a sua cabaninha a senhora voltava da feira onde tinha comprado todas as boas ofertas o senhor escarafunchava o jornal

FAGE – Você exagera o lado psicológico

LOUISE – Você tá enganado essa menina é extremamente sensível

WALLACE – Dos seis pretendo eliminar quatro de modo a apresentar apenas dois ao diretor do departamento para uma entrevista final mas pode acontecer que eu apresente três ou apenas um ou até mesmo nenhum nesse caso tem que recomeçar do zero

FAGE – Mas não temos escolha

LOUISE – Eu sei

NATHALIE – Meu papai tá todo carrancudo eu sei de onde ele tá chegando com essa cara de cu

WALLACE – Esta primeira seleção permite identificar uns 30 candidatos sérios que são submetidos pelo meu departamento a uma entrevista preliminar

LOUISE – Eu estou apalpando a carteira só isso

NATHALIE – Ele acaba de receber seu salário-desemprego

LOUISE – Nathalie quando você fala do teu pai

NATHALIE – Quando ele volta é sempre essa mesma cara de cu

LOUISE – Não diga cara de

FAGE – Muito bem organizada percebe-se que lidamos com profissionais

LOUISE – É muito penoso para o teu pai tem que fazer fila durante horas misturam todo mundo empregados operários profissionais de nível superior

WALLACE – Neste caso em particular selecionamos seis para uma entrevista mais aprofundada

NATHALIE – Esperamos ele se recompor

FAGE – A mais corajosa

NATHALIE – Foi tão intenso

FAGE – Claro que nada mudou

LOUISE – Não tou conseguindo

FAGE – Não se preocupe

LOUISE – Não é uma mancha de gordura

FAGE – Vai sair com ácido

LOUISE – Experimentei tudo

FAGE – Dias melhores

LOUISE – Você tá cansado?

FAGE – Na correspondência?

LOUISE – Vem dormir

SEIS

WALLACE – Para esse cargo? Devemos ter
recebido entre 150 e 200 candidatos

LOUISE – Contando as passagens de avião a clínica
o quarto do hotel as pequenas despesas diárias

NATHALIE – Tem um que conseguiu se machucar de verdade

LOUISE – Você precisa me dizer

FAGE – Sim é um choque isso derruba qualquer um mas se conseguir se reerguer

LOUISE – Meu bem uma mulher precisa

FAGE – E então pronto é excelente eu vejo nisso a oportunidade da minha vida e ainda mais com essa brutalidade toda isso revigora qualquer um

WALLACE – Em suas orações o senhor agradece ao senhor Bergognan

FAGE – Um pobre coitado esse aí

WALLACE – Por ter lhe ensinado que as coisas mais seguras são precárias?

NATHALIE – Ficamos todos em círculo em volta dele foi genial o professor até ficou com medo

LOUISE – Como você foi fazer essa mancha na tua capa de chuva meu bem?

FAGE – Meu amor de nós dois é você

LOUISE – O quê?

FAGE – A mais forte

NATHALIE – É bem legal o Griffith o professor de inglês hoje de manhã

LOUISE – Me aperta forte

FAGE – Claro que o Bergognan era teleguiado

LOUISE – Preciso que você me dê forças

NATHALIE – Hoje ele nos fez sentar em círculo para uma introdução à meditação budista sabe que existem verdadeiras técnicas de meditação mas as meninas são umas idiotas

LOUISE – Sim estou com um pouco de medo

NATHALIE – Algumas ficavam rindo

FAGE – Depois de 23 anos mas eu vou lhe dizer uma coisa que vai surpreendê-lo não me arrependo

LOUISE – Não não tenho medo de que você não encontre trabalho eu sei que quando o dia chegar vai encontrar exatamente o cargo que procura

NATHALIE – Os meninos em geral acharam bem legal

LOUISE – Tenho medo de que você se afaste de mim

FAGE – Principalmente quando a gente ainda está no auge das suas forças e tem vontade de tocar para a frente

CINCO

NATHALIE – Ah ir a Londres com você? A gente vai passear na Kings Road e na Carnaby Street e esvaziar as lojas vamos fazer o circuito dos pubs

FAGE – Meu chuchuzinho ir a Londres agora fazer turismo

WALLACE – O senhor parece estar mastigando tem alguma coisa na boca?

FAGE – Para mim foi um grande alívio

WALLACE – Em sete anos o senhor triplicou a receita reorganizou as vendas estruturou a clientela introduziu métodos promocionais

FAGE – Quando esse homem fraco que é o senhor Bergognan quando com um sorriso patético ele me fez entrar no escritório dele

WALLACE – Porque essa demissão

FAGE – Sim tudo isso foi maquiado desse jeito porque era vantajoso para eles e para mim também mas na verdade eles me jogaram na rua do dia para a noite como um contínuo no envelope as contas tinham sido feitas o senhor sabe como é eles já tinham mandado datilografar a minha carta de demissão pediram que eu a assinasse em pé no corredor

LOUISE – Me dá um beijo

LOUISE – O único jeito de levá-la a Londres é você ir com ela comigo ela não irá

NATHALIE – Depois tem um muro de uns 40 metros ele é estreito você é obrigado a segui-lo é uma descida radical

FAGE – Numa situação dessas seria mais o papel da mãe

LOUISE – Tudo bem mas comigo ela se fecha culpa minha aliás sempre lhe disse a verdade na cara enquanto você

FAGE – Meu amor sou mais severo com ela do que você

LOUISE – Você é severo sim e você rasteja a seus pés

NATHALIE – E depois fica tudo fácil

FAGE – Você grita com ela engraçado você que em geral se controla tão bem

LOUISE – Porque eu sinto que ela me rejeita

NATHALIE – Você vai?

FAGE – Não vai você abrindo o caminho

NATHALIE – Era maravilhoso pai

NATHALIE – Não vou para Londres

LOUISE – Muito amadurecida no plano intelectual talvez quando se trata de abstrações mas no plano da verdadeira inteligência a da vida real

NATHALIE – Meu livro de matemática mãe

LOUISE – Não é aquele que ontem ficou largado na cozinha?

WALLACE – Nada além disso? Por quê? O que eu gostaria de entender são os seus limites

LOUISE – Ela quer ver ele pronunciar sua primeira palavra e depois tchau como se ela não soubesse que a primeira palavra é mamãe

FAGE – E se você tentasse falar com ela?

LOUISE – Como se você não soubesse que ela recusa qualquer contato comigo

QUATRO

FAGE – Isso realmente faz a minha cabeça ah isso me seduz bastante

NATHALIE – Você toma muito cuidado pai você faz a curva bem rente do outro lado é o precipício

WALLACE – Se for verdade que o senhor é excelente nos contatos humanos

NATHALIE – Não se deixe desviar siga bem a curva do vale

FAGE – Não dá para comparar

FAGE – Um pouco mais de atenção não é assim tão difícil mas quando você vai buscar a correspondência só se interessa pelas tuas cartas as outras você larga em qualquer canto e daí a gente só as encontra por acaso duas semanas depois ou mesmo nunca ofertas como essa sabe quantas eu recebi até agora? Cê sabe?

WALLACE – Eu gostaria agora que o senhor me dissesse por que acha que é capaz de dar certo nesse cargo

LOUISE – Telefone para eles as Águas Évian

FAGE – Eles vão adorar

LOUISE – Talvez tenha sido o correio que atrasou meu bem quem sabe na sacola do carteiro

FAGE – Tou te falando a menina nem liga

LOUISE – Ah não é uma tragédia

WALLACE – Sim me diga quais são os seus objetivos pessoais?

FAGE – Profissionalmente ou na vida em geral?

LOUISE – Mas ela não tem senso nenhum de realidade

WALLACE – Qual é o seu objetivo? Onde o senhor quer chegar?

LOUISE – Ela quer ver ele andar e depois doá-lo?

NATHALIE – Quero fabricá-lo papai e ficar com ele

FAGE – Um emprego um só é só isso

LOUISE – Meu bem quando foi que ela te falou isso? Cê tem certeza de que não era brincadeira?

FAGE – Você ainda está na escola Nathalie

NATHALIE – Não vou ficar com ele a vida toda um ano ou dois até ele dizer sua primeira palavra

WALLACE – A combinação de um
real dinamismo e de uma personalidade
intensamente criativa

FAGE – Sim precisam de alguém que seja
uma fonte de idéias não um imitador mas um
empreendedor digamos que isso corresponde
bastante ao que eu sou

WALLACE – Entenda bem não basta gerar idéias

FAGE – É necessário concretizá-las

WALLACE – Não só isso senhor Fage é
necessário uma compreensão da empresa para
que as idéias que se possam ter sejam orientadas
de uma forma específica

FAGE – Não estou te pedindo muito Nathalie

WALLACE – E se organizem conforme um
determinado esquema percebe?

WALLACE – O senhor ainda tem os dedos um pouco amarelados

FAGE – De jeito nenhum

WALLACE – Um pouco

FAGE – Esta carta é datada de 3 de fevereiro hoje é 16 quando ela chegou?

WALLACE – O senhor é sincero?

LOUISE – Não sei na verdade eu nunca vi este envelope antes de gritar comigo pergunte a Nathalie quase sempre é ela que desce para apanhar a correspondência

FAGE – Uma convocação das Águas Évian mas é tarde demais

NATHALIE – Pai cê não viu meu livro de matemática?

WALLACE – Nós procuramos uma personalidade não só particularmente dinâmica

FAGE – A convocação era para anteontem

LOUISE – Telefone para eles explique pra eles

NATHALIE – Este envelope? Sei lá não me diz nada

FAGE – Nathalie eu procuro um emprego um só entendeu? Cada carta que chega pode ser exatamente esse emprego único que eu estou procurando

LOUISE – Terça-feira às 14 horas em Courbevoie

FAGE – Vamos ver do que se trata é uma boa empresa pelo menos séria pra dizer a verdade eu não esperava receber uma resposta positiva

WALLACE – O senhor pediu a sua demissão porque

NATHALIE – Você não me fala nada

LOUISE – Mas por que não meu bem?

WALLACE – Compreendo o senhor não foi feito só para tarefas repetitivas

FAGE – Nessas grandes firmas internacionais normalmente eles não admitem com mais de 35

TRÊS

WALLACE – O senhor fuma?

FAGE – Obrigado eu não fumo

WALLACE – Porque o senhor também

FAGE – O senhor também parou de fumar?

WALLACE – Há três anos

FAGE – Eu também há mais ou menos dois anos e meio

FAGE – Se tivesse que lembrar de todos os
namoradinhos que passaram pelo teu quarto

NATHALIE – Mas este cê poderia lembrar ele é
negro

LOUISE – A correspondência meu bem
Bolachas Lu lamentamos informá-lo que o
cargo pleiteado já foi preenchido Meias Dim
agradecemos por ter tido infelizmente Philips
acusamos recebimento de seu currículo que não
corresponde a Mobilier de France em resposta a
seu pedido de emprego a Uclaf-Roussel o senhor
teve a gentileza

FAGE – Como assim negro?

NATHALIE – Como ébano

LOUISE – Toda essa gente poderia pelo
menos se esforçar para dar às suas circulares
mimeografadas um tom um pouco mais pessoal
mas tem uma carta pra valer vem da Colgate-
Palmolive uma resposta de verdade parece

WALLACE – Conte como foi essa demissão

FAGE – Negro de verdade? Nossa que surpresa
eu nunca teria pensado falou com a tua mãe?

LOUISE – Eles querem te ver o quanto antes
meu bem além disso a carta é bem simpática

NATHALIE – Deixei isso a teu cargo

NATHALIE – Estou esperando um bebezinho papai

FAGE – De quem?

NATHALIE – De um tal de Mulawa

WALLACE – Assim o senhor resolveu entregar a sua carta de demissão

LOUISE – Muitas vezes são as pequenas coisas que contam meu bem num primeiro contato são elas que podem ser decisivas se as unhas estão limpas se tomou o cuidado de engraxar os sapatos

FAGE – Já sei se o nó da gravata está bem no meio do colarinho

LOUISE – Se a camisa

WALLACE – Conte

NATHALIE – Você já viu ele pai eu o trouxe duas ou três vezes aqui em casa

FAGE – Se o vinco da calça

WALLACE – O que é essencial no homem que nós procuramos é o controle da situação de que ele é capaz quero dizer o controle de que ele é capaz da situação

FAGE – Não se deixar levar

WALLACE – Assumir

DOIS

FAGE – Fisicamente em plena forma

WALLACE – Dá para perceber o senhor tem uma constituição robusta

FAGE – Tá tudo certo meu bem consegui tuas duas passagens para Londres

WALLACE – E quanto aos nervos?

LOUISE – Ela se recusa a ir

FAGE – Eu mesmo vou pegá-la pelo pescoço e enfiá-la no avião

LOUISE – Mas meu bem

FAGE – E quanto aos nervos?

LOUISE – No aeroporto de Orly você não pode passar do controle policial

FAGE – É só dar para ela um ou dois comprimidos

LOUISE – Que comprimidos meu Deus?

FAGE – Meus nervos são a toda prova tem que ser

NATHALIE – Pai eu queria te dizer uma coisa que cê precisa saber

FAGE – Então fala

LOUISE – Você saiu com lama nos sapatos

NATHALIE – Pai me responde

FAGE – Na época estava servindo num quartel em Tananarive

WALLACE – Na nossa empresa

FAGE – Mas não guardei nenhuma lembrança

WALLACE – Nós damos muita importância ao homem

LOUISE – Eu também queria dar uma passadinha no vinco da tua calça

FAGE – É uma das razões pelas quais respondi ao seu anúncio é a razão pela qual a sua empresa me interessa

WALLACE – O senhor pesa

FAGE – 67 quilos

WALLACE – Para uma altura de

FAGE – Um metro e 71 casado uma criança só uma filha de 16 anos 17 quase tivemos um garoto também mas morreu num acidente de carro

UM

WALLACE – O senhor nasceu no dia 14 de junho de 1927 em Madagascar

LOUISE – Meu bem

FAGE – Sou fisicamente

WALLACE – É óbvio

LOUISE – Que horas são?

NATHALIE – Pai não faça isso comigo

FAGE – É um ideal que a gente constrói junto quer dizer que não se trabalha só pelo holerite

LOUISE – Você deveria ter me acordado

FAGE – É o que eu ia fazer mas você dormia tão relaxada

WALLACE – O que faziam seus pais em Madagascar em 1927?

FAGE – Com teu braço dobrado ficava um belo quadro

NATHALIE – Se você fizer isso comigo pai

LOUISE – Não engraxei teus sapatos

FAGE – Meu pai era médico militar

PERSONAGENS

WALLACE, diretor de recursos humanos da CIVA.
FAGE.
LOUISE, sua esposa.
NATHALIE, filha deles.

Eles permanecem o tempo todo no palco.

ColeçãoPalco
Sur Scène

A PROCURA
DE EMPREGO

Peça em 30 trechos

Michel Vinaver

Tradução de
Jean-Claude Bernardet
Rubens Rewald
colaboração de Heloisa Jahn

A peça foi escrita em 1970, isto é: dois anos após as agitações estudantis de maio de 68 e os eventos políticos decorrentes que quase derrubaram a quinta república francesa; a ação radical persistiu pelos anos seguintes, principalmente nas escolas e universidades; dois anos após a legalização do aborto no Reino Unido, e cinco anos antes que uma lei semelhante fosse votada na França. A ação da peça se desenrola em Paris, na época em que foi escrita.

12 de abril de 1989

Essa "Nota do autor" não consta da edição francesa, mas da edição *Vinaver, Michel* (editado por David Bradby) – *Michel Vinaver. Play:1. London, Methuen Drama, 1997.* Achamos oportuno reproduzi-la na edição brasileira.

Michel Vinaver
La Demande d'emploi
théâtre complet, vol. 3
© 2005, L'Ache, Paris.

rânea. Assim como um roteiro, não se destina à leitura recreativa nem moralizante: que o leitor, encenador imaginário, tome isso como instruções de jogo, ou como uma bula desse veneno tarja preta que se entende hoje como real. Mas com cautela: não há taxas seguras para o consumo dessas substâncias.

Sérgio Salvia Coelho
Diretor, crítico e
professor de história do teatro

Como situar Michel Vinaver nesta galeria de ajustes ópticos? À primeira leitura – procedimento errado à priori para avaliar uma peça de teatro – trata-se de mais uma provocação arbitrária: ausência de pontuação nos diálogos e de lógica nas cenas, abolição do tempo e do espaço, ausência de rubricas e de dados psicológicos. Em suma, outra armadilha francesa, no savoir-faire de impingir blefes por sofisticação. E, no entanto, nada é mais real que Vinaver. Decodificadas pelos encenadores que, como os *chefs de cuisine* e maestros, sabem ver além do papel, suas peças surgem como uma síntese perfeita entre a *tranche de vie* e o fluxo de consciência. Uma *béchamel* dissonante: presos no turbilhão dos papéis sociais, na relatividade psicótica da modernidade, seus personagens se desesperam em busca da realidade, sem nenhum fio para segurar, já sentindo na nuca o hálito do minotauro. Épica cotidiana, tragédia de classe média, nenhuma mensagem do autor irá servir de antídoto: a lucidez é um veneno fulminante.

É fundamental, portanto, que seus textos sejam transpostos em português com a frieza dos experientes, que nem se afogam no fluxo nem se intimidam em manipular a língua corrente. Na presente edição, Jean-Claude Bernardet e Rubens Rewald tiram partido da condição de cineastas para restituir esse set com sua precisão subter-

MICHEL VINAVER
o veneno do real

Na arte, o novo é sempre proposto em nome do real. Foi assim quando o racionalismo clássico corrigiu a exuberância barroca, o Romantismo revolucionou as unidades clássicas, o Realismo conteve os excessos românticos. Ousando a palavra "real" em seu rótulo, o Realismo foi bombardeado por todos os lados: o real não é humano, proclamaram os simbolistas; a História é um pesadelo, gritaram os expressionistas, retrucados por Brecht que propunha um jogo de armar, como quem desmonta um relógio. Mas era tarde demais para a razão: o surrealismo fez os loucos tomarem conta do sanatório, e a arte, contrariando o senso comum burguês, vem sendo cada vez mais uma insolência para especialistas.

SUMÁRIO

APRESENTAÇÃO	7
DE MOLIERE À VINAVER	8
PALCO SUR SCÈNE	10
MICHEL VINAVER	15
A PROCURA DE EMPREGO	19

Esta coleção coloca-nos em contato com os textos de alguns dos mais significativos dramaturgos franceses e brasileiros da atualidade, como Bosco Brasil e Newton Moreno. Ao francês Jean-Luc Lagarce, com cuja obra esta coleção nasceu em agosto 2006, sucedeu-se Philippe Minyana, e agora Michel Vinaver considerado um dos maiores dramaturgos franceses da segunda metade do século vinte. Em geral suas peças não apresentam pontuação o que dá ao ator a possibilidade de manipular ele mesmo o texto, a partir de sua própria respiração. No teatro de Michel Vinaver toda palavra é sinônimo de ação.

Compilados aqui os textos teatrais de autores brasileiros e franceses vão sendo expostos à imaginação do leitor e a do homem de teatro. Desejamos que o primeiro encontre as chaves necessárias para inventar sua "representação fictícia"[3], e o segundo, as que os levarão para o palco, e...

- "Vamos ao Teatro!", deixa do imenso ator Paulo Autran, que ecoa no final de cada peça na *Palco sur Scène*.[4]

Marinilda Bertolete Boulay
Coordenação e Direção editorial

---

3 In Anne UBERSFELD, *Lire le Théâtre (Para ler o teatro)*, Éditions Sociales, Paris, 1982; Editora Perspectiva, São Paulo 2005.
4 O ator brasileiro Paulo Autran faleceu em 2007.

PALCO SUR SCÈNE

Penso que uma peça é um texto literário
ao mesmo título que um romance..."[1]

"Eu deixo virem as palavras, deixo virem os personagens, não
tenho uma intenção para começar, eu deixo colocarem-se as
palavras, as falas e depois de forma definitiva vêm pouco a
pouco as situações, os personagens e os percursos da história que
se conta. Em geral não há um projeto pré determinado."[2]

A coleção bilíngüe *Palco sur Scène* apresenta a diversidade da produção teatral francesa e brasileira das últimas décadas, valorizando algumas experiências de encenação e dramaturgia que redefiniram o panorama do teatro contemporâneo dos dois países. Solidária à causa dos dramaturgos, ela vem pressionar ao lado deles, as paredes do exíguo corredor editorial do setor, além de permitir que suas peças atravessem a barreira da língua, em busca de novas interpretações e novos públicos.

---

1 Intervenção de Michel Vinaver durante um seminário em Dijon – França, dia 31 janeiro de 2003.
2 Intervenção de Michel Vinaver no seminário no Théâtre Ouvert dia 8 de março de 2003.

Nossa vontade de traduzir e de publicar textos destes autores contemporâneos indispensáveis, (até então disponíveis de maneira restrita e através de xerox), é nossa tentativa de tornar suas obras mais acessíveis aos profissionais do teatro francês e brasileiro e, através deles, mais tarde, ao grande público.

Publicados em formato elegante com traduções de qualidade, numa edição bilíngüe (francês e português), intitulada *Palco sur Scène*, estes autores são colocados em evidência e, esperamos, atingirão a visibilidade e o reconhecimento que eles merecem de ambos os lados das fronteiras de nossos dois países... Ouviremos o estilo lapidado de Lagarce com mais constância nos teatros brasileiros, e os textos de Bosco Brasil num teatro parisiense ou no Festival de Avignon? Estimular os encontros entre autores e diretores franceses e brasileiros, este é o desafio.

Philippe Ariagno
Adido cultural
Consulado Geral da França em São Paulo

DE MOLIERE À VINAVER

Molière, Shakespeare, Nelson Rodrigues ou ainda Beckett são autores reconhecidos no mundo inteiro... qual raro teatro ainda não ouviu ressoar as palavras destes autores? Qual autor ou atriz não sonhou lendo estes textos interpretar Scapin, Cordélia ou Alaíde. Há várias gerações, as peças de teatro destes grandes autores, amplamente publicadas e tra- duzidas, são montadas em várias línguas, passam de diretor em diretor, atravessam as fronteiras lingüísticas do mundo, estimulam a variedade de montagens teatrais, as interpreta- ções possíveis, dando a estes "clássicos" uma espécie de eterna juventude, para o grande prazer do público.

Bosco Brasil, Philippe Minyana, Newton Moreno, Jean-Luc Lagarce, ou ainda Michel Vinaver merecem, por sua vez, serem lidos e montados muito mais e não somente, ou quase, em seus países de origem.

APRESENTAÇÃO

A coleção *Palco sur Scène* apresenta a diversidade da produção teatral contemporânea, valorizando a nova dramaturgia que desponta nas cenas do Brasil e da França.

Com essa coleção de textos inéditos a Imprensa Oficial focaliza os herdeiros de longa tradição do teatro de pesquisa e investigação construída, na França, por tantos autores e diretores decisivos na formulação de uma reflexão sobre o nosso tempo.

No caso brasileiro, em que é tão difícil o reconhecimento e a edição de textos dramatúrgicos - bastaria lembrar Plínio Marcos, com suas inúmeras edições independentes, vendendo seus próprios livros nas escadarias do Teatro Municipal - nossas edições contemplarão alguns dos talentos mais representativos na área de experimentação teatral.

Nesta coleção, duas línguas e duas culturas se encontram para perpetuar os sortilégios e o poder do teatro que, desde os gregos, não ignora a importância de seu papel nas indagações que a sociedade deve propor a si mesma, confrontando ética e estética, e atualizando, face à passagem do tempo, as grandes questões que tocam o homem e o mundo contemporâneo.

Temos certeza de estar, assim, contribuindo para o debate de temas importantes e para manter viva a história do teatro.

Hubert Alquéres
Diretor-presidente
Imprensa Oficial

Coleção Palco
Sur Scène

A PROCURA
DE EMPREGO

Peça em 30 trechos

Michel Vinaver

Tradução de
Jean-Claude Bernardet
Rubens Rewald
colaboração de Heloisa Jahn

© Michel Vinaver, 2008

Todos os direitos reservados   **Impresso no Brasil 2008**

Dados Internacionais de Catalogação na Publicação
Biblioteca da Imprensa Oficial do Estado de São Paulo

Vinaver, Michel, 1927
    A procura de emprego : peça em 30 trechos / Michel Vinaver. Tradução de Jean-Claude
Bernardet, Rubens Rewald, colaboração de Heloisa Jahn – São Paulo : Aliança Francesa :
Consulado Geral da França em São Paulo : Imprensa Oficial do Estado de São Paulo, 2008.
    292p. – (Coleção Palco sur Scène / Coordenadora / Marinilda Bertolete Boulay)

    ISBN 978-85-7060-648-8 (Imprensa Oficial)
    1. Teatro Francês 2. Teatro (Século 21) – França. 3. Literatura francesa I. Bernardet, Jean-
Claude. II. Rewald, Rubens. III. Jahn, Heloisa. IV. Boulay, Marinilda Bertolete. V. Título. VI.
Série.

CDD 869.92

Índice para catálogo sistemático:
    1.   Teatro : Século 21: Brasil 869.92

Foi feito o depósito legal na Biblioteca Nacional
Lei nº 10.994, de 14/12/2004

Proibida a reprodução total ou parcial
sem a autorização prévia dos editores

ALIANÇA FRANCESA	CONSULADO GERAL DA FRANÇA	IMPRENSA OFICIAL
Rua General Jardim, 182 7º andar	EM SÃO PAULO	DO ESTADO DE SÃO PAULO
01 223 010 - São Paulo - SP	Av. Paulista, 1842 – 14º andar	Rua da Mooca, 1921 Mooca
T 00 55 11 3017 5699	01310-200 - São Paulo - SP	03103-902 São Paulo SP
T 00 55 11 3017 5687	T 00 55 11 3371 5405	www.imprensaoficial.com.br
F 00 55 11 3017 5694	F 00 55 11 3371 5408	livros@imprensaoficial.com.br
dirgeral@aliancafrancesa.com.br	www.ambafrance.org.br/saopaulo	SAC Grande São Paulo 011 5013 5108 | 5109
www.aliancafrancesa.com.br		SAC Demais Localidades 0800 0123 401

Coleção Palco
Sur Scène

A PROCURA
DE EMPREGO

Michel Vinaver

Coleção Palco Sur Scène

Autores franceses
Jean-Luc Lagarce
Philippe Minyana
Michel Vinaver

Autores brasileiros
Bosco Brasil
Newton Moreno

ColeçãoPalco
Sur Scène

VOLUME
FR 05